Leonardo Boff
Ethik für eine neue Welt

Leonardo Boff

Ethik für eine neue Welt

Aus dem Portugiesischen übersetzt
und für die deutsche Ausgabe bearbeitet
von Horst Goldstein

Patmos Verlag

Für Horst Goldstein, als Anerkennung für seine Freundschaft, seine Kompetenz und seine Solidarität mit den Unterdrückten in Brasilien

Boff, Leonardo:
Ethik für eine neue Welt / Leonardo Boff.
Aus dem Portug. übers. und für die dt. Ausg. bearb.
von Horst Goldstein. –
Düsseldorf : Patmos-Verl., 2000
ISBN 3-491-72438-4

Umschlaggestaltung: Groothuis & Consorten, Hamburg
Gesamtherstellung: Bercker GmbH & Co. KG, Kevelaer
ISBN 3-491-72438-4

Inhalt

Vorwort

Keine Gesellschaft, in der nicht eine breit angelegte Diskussion über die Dringlichkeit eines Weltethos in Gang wäre. Die tonangebenden Stimmen stammen aus dem Norden, wo ja auch die herrschenden Kräfte des Globalisierungsprozesses angesiedelt sind. Stimmen aus dem Süden sind kaum zu hören. Doch die Definition des gesellschaftlichen Ortes ist nicht gleichgültig; denn jeder soziale Ort ist geprägt von vorauseilenden Interessen und Optionen, deren sich die meisten Menschen jedoch gar nicht bewusst sind. Da aber eine globale Perspektive Not tut, kommt es darauf an, diese Einseitigkeit und dieses Defizit zu beheben.

Das Interesse daran, dass der Reichtum der Natur für Leben und Menschheit gleichermaßen erhalten bleibt, zwingt uns zu gewissen Elementen eines Mindestkonsenses. Auch zunehmende Verarmung, wachsende Umweltzerstörung und ansteigende Kurven strukturell bedingter Arbeitslosigkeit machen einen neuen ethischen Menschheitspakt erforderlich. Ohne eine solche Übereinkunft könnte die Zukunft für alle zu einer Bedrohung werden.

Das also ist der Anlass für den vorliegenden Text. Er entstand aus einer Reihe von Foren in Brasilien und in anderen Ländern wie auch aus Vorlesungen im Rahmen eines Graduiertenkollegs an der Universität des Bundesstaates Rio de Janeiro. Dabei geht es uns darum, die Perspektive des großen Südens zur Geltung zu bringen, die aber in Wirklichkeit nichts anderes ist als die Betrachtensweise der Armen und Ausgeschlossenen. Nicht aus dem Auge verlieren dürfen wir jedoch, dass die Gesprächspartner aus dem Norden und aus dem Süden zusammenfinden müssen, soll sich denn die gemeinsame Lage für Erde und Menschheit verbessern.

Unsere Überlegungen können kaum mehr sein als eine Einführung. Die umfangreiche Literaturliste, die sich am Schluss des Buches findet, macht deutlich, dass die Frage noch weiterer Bearbeitung und Vertiefung bedarf.

Petrópolis (Bundesstaat Rio de Janeiro), Januar 2000

I. DRINGLICHKEIT EINES WELTETHOS – WELCHES WELTETHOS BRAUCHEN WIR?

Drei Probleme erfordern dringend eine Weltethik: die soziale Krise, die Krise des Arbeitssystems und die ökologische Krise, wobei alle drei planetarische Ausmaße haben.

1. Globale Probleme – globale Lösungen

Zunächst einmal die soziale Krise. Die Daten sind bekannt, wir brauchen sie hier nicht zu wiederholen. Robotisierung und Informatisierung haben die Technik im Bereich der Produktion nicht nur grundlegend verändert, sondern auch zu einem phantastischen Reichtum geführt. Doch dieser liegt, höchst ungleich verteilt, namentlich in Händen großer transnationaler, weltweit operierender Unternehmen, die den ohnehin bestehenden Graben zwischen Armen und Reichen nur noch vertiefen. Die Anhäufung ist ungerecht, weil an Verteilung niemand mehr zu denken scheint. Das Niveau an Solidarität unter den Menschen ist auf den Stand von Zeiten grausamster Barbarei zurückgefallen.

Angesichts dieser Situation überkommt einen ein Schrecken erregendes Gespenst: die Möglichkeit nämlich, dass es in der menschlichen Spezies zu einer Spaltung kommt. Auf der einen Seite würde sich dann ein Typ von Menschheit aufbauen, dem es an rein gar nichts fehlt. Dieser ist in den Ländern des Zentrums zu Hause, wo alle Prozesse in Wissenschaft und Technik, in Wirtschaft und Politik kontrolliert werden, aber auch in Oasen der Länder an der Peripherie, in denen deren begüterte Klassen leben. Alle diese Kreise profitieren vom vielfältigen wissenschaftlich-technischen Fortschritt, von der Biogenetik ebenso wie von der Manipulation der Ressourcen der Natur. In ihren Schlupfwinkeln haben sie eine Lebenserwartung von einhundertzwanzig bis einhundertdreißig Jahren, so lang eben, wie unsere Zellen leben. Und auf der anderen Seiten hätten wir dann die alte Menschheit, die unter dem Druck steht, sich einen vernünftigen Konsumstandard zu erhalten, oder schlicht und einfach in Armut, Randdasein und Ausgrenzung dahinlebt. Zu kurz gekommen und übergangen, wie sie sind, leben diese Menschen, wie die Menschheit immer gelebt hat, und erreichen ein durchschnittliches Höchstalter von sechzig bis siebzig Jahren.

Zweitens ist von der Krise im Arbeitssystem zu sprechen. Neue, immer weiter automatisierte Produktionsformen machen menschliche Arbeit nahezu überflüssig. An deren Stelle tritt die intelligente Maschine. Damit aber werden Arbeitsplätze vernichtet und Arbeitskräfte freigesetzt. Keine Gesellschaft auf der Welt, in der sich nicht ein Heer von Vor-die-Tür-Gesetzten ansammelte.

In dem Rhythmus, in dem sich technologische Prozesse qualitativ verändern, wird ein neuer Zivilisationsstandard erforderlich. Denn zu erwarten steht Entwicklung ohne Arbeit. Die Frage, die sich stellt, wird dann nicht mehr Arbeit sein – weil Arbeit in der Zukunft womöglich der Luxus einiger weniger sein wird –, sondern Muße. Wie kommen wir von einer

Gesellschaft der Vollbeschäftigung zu einer Gesellschaft mit voller Betätigung, ohne dass irgendjemand um seinen individuellen Lebensunterhalt zu fürchten bräuchte? Wie finden wir zu einer Muße, die schöpferisch ist und alle menschlichen Möglichkeiten zum Tragen bringt? Wird die Arbeit, wenn sie sich denn aus dem System der Lohnabhängigkeit, dem sie die moderne, vor allem kapitalistische Produktionsgesellschaft unterworfen hat, befreit haben wird, zu ihrem ursprünglichen Wesen zurückfinden: dass sich der Mensch schöpferisch betätigt, dass er die Wirklichkeit gestaltet, dass er wie ein Demiurg die in ihm wohnenden Träume und Möglichkeiten übersetzt in Praktiken voller Überraschungen und in Werke voller Botschaften davon, was menschliche Kreativiät ist und wozu sie im Stande ist? Sind wir auf solch einen qualitativen Sprung in Richtung auf die volle menschliche Ausdrucksform vorbereitet?

Drittens ein Wort zur ökologischen Krise. Auch hier sind die Szenarien hinreichend bekannt. Die entsprechenden Daten sind ja nicht nur von anerkannten Forschungsinstituten, die sich mit dem globalen Zustand der Erde befassen, vorgelegt worden, sondern auch vom Internationalen Roten Kreuz und von verschiedenen Einrichtungen der UNO. In den letzten zwanzig, dreißig Jahren sind wir dem Prinzip der Selbstzerstörung aufgesessen. Verantwortungslos, wie wir Menschen mit der von uns geschaffenen Todesmaschinerie umgehen, vermögen wir der Biosphäre unheilbare Schäden zuzufügen und die Bedingungen, an die menschliches Leben nun mal geknüpft ist, zunichte zu machen. Mit einem Wort gesagt: Es droht uns die schwere Gefahr, dass die Erde möglicherweise ökologisch umkippt und als integrierendes System von Systemen ausfällt. Die Erde ist sozusagen das Herz. Hat dieses einen gravierenden Fehler, sind auch alle anderen Lebensorganismen in Mitleidenschaft gezogen: Klima, Trinkwasser, chemische Zusammensetzung der Böden, Mikroorganismen, menschliches Zusammenleben. Die Zukunftsfähigkeit des Planeten, in Milliarden von Jahren kosmischer Arbeit gewachsen, steht auf dem Spiel. Natürlich wird die Erde wieder ins Gleichgewicht kommen, doch dieses bringt eine phantastische Vernichtung des Lebens mit sich. Deshalb schreit das Prinzip der Selbstzerstörung geradezu nach einem anderen Prinzip, nach dem Prinzip der Mitverantwortung für unsere Existenz als Art und als Planeten. Wer weiterhin Lust hat auf das Abenteuer mit Erde und Kosmos, muss sich kollektiv dafür entscheiden, die Schöpfung zu bewahren und die allgemeinen Bedingungen dafür zu erhalten, dass die Evolution auch weiterhin ihren zieloffenen Gang nehmen kann.

2. Eine auch in Zeiten der Globalisierung mögliche Revolution

Die Hauptursache für die gesellschaftliche Krise hängt mit der Art und Weise zusammen, wie sich die modernen Gesellschaften im Blick auf Erwerb, Produktion und Verteilung natürlicher und kultureller Güter verhalten. Eklatante Ungleichheiten sind unübersehbar. Minderheiten, die über Haben, Macht und Wissen verfügen, haben Vortritt, während die große Mehrheit von nichts weiter als von der Arbeit lebt. Unter Hinweis auf derartige angebliche Rechtstitel eignen jene sich privat die Güter an, die von allen mühevoll hergestellt wurden. Die Säulen, auf denen moderne Gesellschaften ruhen, sind nicht mehr die Bande von Solidarität und Zusammenarbeit, sondern individuelle Leistung und Konkurrenz. Diese aber schaffen unablässig soziale Apartheid, schicken Millionen in Randdasein und Ausgrenzung und machen Abermillionen zu Opfern.

Der Auslöser für den ökologischen Alarm besteht in der Form, wie sich die Menschen während der letzten zwei-, dreihundert Jahre gegenüber der Erde und ihren Ressourcen verhielten. Das Verhalten war charakterisiert von Unterwerfung und nicht von Anerkennung ihres andersartigen Gegenübers, von Mangel an der notwendigen Achtsamkeit und nicht von der unerlässlichen Ehrfurcht, die jedes Andersseins verlangt. Das Projekt von Wissenschaft und Technik mitsamt all seinen heute geltenden Merkmalen war nur deshalb möglich, weil ihm der Wille zur Macht sowie das Bestreben, sich *über* die Natur zu erheben und nicht *auf gleicher Ebene* mit ihr zu stehen, zu Grunde lagen und weil damit das Bewusstsein einer großen biotischen, erdumspannenden und kosmischen Gemeinschaft, innerhalb deren auch der Menschen an der Seite der anderen Wesen seinen Platz hat, zu Bruch ging.

Dies festzustellen zeugt weder von Wissenschaftsobskurantimus noch von Technikfeindlichkeit, sondern stellt eine Kritik dar an der *Art und Weise,* mit Wissenschaft und Technik umzugehen, und an der *Form,* sich beider im Rahmen eines Konzeptes zum *dominium mundi* zu bemächtigen. Denn Letzteres führte dazu, dass das Bündnis harmonischen Zusammenlebens zwischen Mensch und Natur zerbrach und dass ausschließlich utilitaristische und allenfalls begrenzt solidarische Interessen den Sieg davon trugen. Von Subjektivität, Autonomie und Anderssein der Dinge und der Natur nahm niemand Notiz.

Natürlich soll nicht bestritten werden, dass das wissenschaftlich-technische Projekt den Menschen das Leben in vielfacher Hinsicht erleichtert hat. Bis in den äußeren Weltraum hat es uns gebracht und der Spezies *homo sapiens et demens* damit die Chance eröffnet, auch noch im Falle einer anthropologischen Katastrophe zu überleben. Überall und wie nie zuvor in der Geschichte der Menschen ist die Lebensqualität (in Sachen Gesundheit, Wohnung, Verkehr, Kommunikation usf.) gestiegen. Das wissenschaftlich-technische Projekt hatte mithin eine unschätzbare befreiende Wirkung. Für den Fall jedoch, dass wir Heutigen mit der angedeuteten Form utilitaristischer und ökologiefeindlicher Aneignung weitermachen, ist nicht auszuschließen, dass wir an Grenzen stoßen, die nicht überschritten werden dürfen und infolgedessen verhängnisvoll werden könnten.

Wer heute den angesammelten Schatz an Reichtümern in Natur und Kultur bewahren will, kommt nicht umhin, das Ruder herumzureißen. Sollten wir dagegen beim alten Zivilisationsparadigma bleiben, uns keine sanfteren, synergetischeren Beziehungen mit der Natur einfallen lassen und auch kein Gespür für intensivere Zusammenarbeit zwischen Völkern, Kulturen und Religionen entwickeln, werden wir kaum die Nachhaltigkeit bekommen, die wir brauchen, um das auf Zukunft und Grenzenlosigkeit hin offene Projekt des Menschen realisieren zu können.

Um diese drei globalen Probleme zu lösen, brauchen wir eine nicht minder globale Revolution. Nur, die

Zeit für Revolutionen im klassischen Sinn, wie sie uns aus anderen Kapiteln der Geschichte bekannt sind, ist offenbar vorbei. Denn bisher ging es immer um regionale Kulturen und um Nationalstaaten. Eine globale Revolution heute setzt dagegen eine globale revolutionäre Ideologie voraus, einschließlich globaler gesellschaftlicher Träger, die aber so dicht miteinander verbunden sein, so eng zusammenhalten und solche Macht besitzen müssten, dass sie im Stande wären, sich auch bei allen durchzusetzen. Eine solche Konstellation aber gibt es nicht und wird es in nächster Zukunft wahrscheinlich auch nicht geben. Doch die Probleme schreien danach, angegangen zu werden. Lassen wir sie liegen, tragen wir womöglich dazu bei, dass alles noch schlimmer wird.

Der Ausweg, den viele Sachverständige vorschlagen und den wir uns zu eigen machen – gerade das wollen wir ja mit dem vorliegenden Bändchen darstellen –, besteht darin, nach einer neuen Begründung für den unumgänglichen Umbau zu suchen. Diese müsste sich auf etwas stützen können, was wirklich global und allgemein akzeptiert, leicht verständlich und in der Praxis auch machbar wäre. Dabei gehen wir von der Hypothese aus, dass diese Begründung ethischer Art sein muss, das heißt sich auf eine Mindestethik stützen muss, von der aus sich dann Möglichkeiten eröffnen für eine Lösung, für die Rettung von Erde und Menschheit und all der Opfer struktureller Arbeitslosigkeit.

Der Erziehungs- und Wirtschaftsfachmann Cristovam Buarque, von 1994 bis 1999 auch Gouverneur des Bundesdistriktes Brasília, trifft ins Schwarze, wenn er sagt: »Das Programm zur Überwindung der Armut wird sich weder auf eine soziale Revolution stützen können, noch liegt es allein in der Macht einer Partei. Wer immer die Regierung stellen mag, es bedarf der Basis einer breiten Unterstützung, auf der Grundlage ... einer Koaltion, die weniger aus politischen als vielmehr aus ethischen Motiven zu Stande gekommen ist« (*A segunda abolição,* Rio de Janeiro 1999, 30).

Auf dieser Linie müsste es also zu einem ethischen Pakt kommen, der – wie wir sehen werden – nicht so sehr auf aufgeklärter Vernunft als vielmehr auf *Pathos* beruht. Mit anderen Worten: auf humanitärer Einfühlung und emotionaler Intelligenz. Diese kommen zum Ausdruck in Achtsamkeit und in Verantwortung für soziale und ökologische Belange, in Solidarität unter den Generationen ebenso wie im Mitleiden – alles Haltungen also, die Menschen anzurühren und sie zu einer neuen Praxis geschichtlich-gesellschaftlicher Befreiung zu bewegen vermögen. Was wir dringend brauchen, ist eine ethische Weltrevolution.

Selbstverständlich kann diese ethische Revolution nur im Rahmen der neuen Befindlichkeit stattfinden, in der Erde und Menschheit stecken, das heißt unter den Bedingungen des Globalisierungsprozesses, insofern dieser eine neue Ebene der Realisierung von Geschichte und Planet darstellt. Innerhalb dieses Horizontes also muss es zu einer neuen Sensibilität und einem neuen Ethos kommen. Nur so wird in Zeiten der Globalisierung Revolution möglich sein.

Unter *Ethos* verstehen wir das Gesamtbündel von Inspirationen, Werten und Prinzipien, die menschliche Beziehungen orientieren, wenn es um Natur und Gesellschaft geht, um andersartige Wesen und um sich selbst ebenso wie um den transzendenten Sinn des

Daseins, um Gott. Im Laufe unserer Überlegungen werden wir sehen, dass dieses *Ethos* aber nicht allein eine Sache des Willens ist, wie Athene in ihrer ganzen Pracht aus dem Kopf des Zeus geboren wurde. Jede Ethik wird aus einer neuen Optik, einer neuen Sichtweise geboren. Und jede neue Sichtweise erwächst aus einem tiefen Eintauchen in die Erfahrung des Seins, aus einer neuen Wahrnehmung der Tatsache, dass das Ganze nicht nur aus miteinander verbunden Teilen besteht, sondern dass es auch an die Urquelle, in der alle Wesen ihren Ursprung haben, rückgebunden ist.

II. DIE KATEGORIE DES PLANETARISCHEN – DIE JÜNGSTE ENTWICKLUNGSSTUFE VON ERDE UND MENSCHHEIT

Das Anbrechen des Bewusstseins, die Erde stelle das gemeinsame Vater- und Mutterland aller Existenzen dar, markiert eine neue Entwicklungsstufe im Werdegang der Geschichte, ja des gesamten Planeten. Mittlerweile ist dieser Entstehungs- und Wachstumsprozess mehr als vier Milliarden Jahre in Gang. Die Gestalt der Nationalstaaten, umschrieben durch ihre geographischen und kulturellen Grenzen, gehört dabei zu einer anderen Art von Geschichte, auch wenn sie als Modell gegenwärtig noch maßgeblich und unter funktionalem Gesichtspunkt notwendig ist.

Zugegebenermaßen bildet der Nationalstaat noch einen entscheidenden politischen Faktor, wenn es um die Koordinierung eines nationalen, zugleich aber aufs Globale hin offenen Projektes geht, um die Erarbeitung von öffentlichen Politikentwürfen, die allein eine öffentliche Größe in die Wege zu leiten vermag, wie auch um die Kontrolle großer, weltweit operierender Firmenagglomerationen, die in Verfolgung ihrer privaten Interessen regionale und nationale Ökonomien überfallen und lahm legen, weil diese ihrer grenzenlosen Habgier schutzlos ausgeliefert sind.

Solange wir darüber hinaus keine Institutionen und juristischen Instanzen haben, die für die Regierung einer erdumspannenden Republik und den gemeinsamen Schatz von Biosphäre und Menschheit verantwortlich sind, darf der Staat seiner Macht nicht entkleidet werden. Geschähe dies dennoch, wäre der Preis dafür, dass globale Lösungen, die allein mittels zwischenstaatlicher Aktionen möglich sind, nicht zu Stande kämen. Solange derartige Instanzen noch auf sich warten lassen, fällt den Staaten die Aufgabe zu, im Geist weltweiter Partnerschaft nach Lösungen für den ganzen Planeten und die ganze Menschheit zu suchen.

Auch wenn die Kategorie Nationalstaat gegenwärtig also noch eine Schutzfunktion hat, verliert sie allmählich an Bedeutung angesichts des wachsenden Bewusstseins von planetarischer Bürgerschaft wie auch angesichts der Sorge der Menschheit um Erhaltung ihres gemeinsamen Gutes an Natur und Kultur. Inzwischen sind dafür ja nicht nur die verschiedensten Institutionen (wie vor allem die Staaten) wach geworden, sondern wohl auch die meisten Erdenbürger.

1. Ökozentrische Betrachtensweise

Die Globalisierung sucht noch ihren institutionellen Ausdruck. Kein Zweifel, dieser kann nur ökozentrisch sein. Im Mittelpunkt wird dann nicht dieses oder jenes Land stehen, dieser oder jener geopolitische und ökonomische Block, diese oder jene Kultur, im Mittelpunkt wird die Erde stehen, verstanden als organisches Makrosystem, als lebendiger Superorganismus, als Gaja, der alle Größen zu dienen und sich unterzuordnen haben. In Zentrum wird dann die Menschheit aus Söhnen und Töchtern der Erde stehen. Mit Menschheit bezeichnen wir hier die Erde selbst, insofern sie das Stadium des Gefühls, des reflektierten Denkens, der Verantwortung und der Liebesfähigkeit erlangt hat.

Zusammen mit der Erde verdienen unser Augenmerk auch alle anderen Organismen der Lebenskette, mit denen die Menschheit in tiefer verwandschaftlicher Verbindung steht. Denn so vielfältig das Leben in seinen Erscheinungsformen ist, am Ende ist es ein Einziges (die Grundstruktur der DNS-Kette ist in allen Lebewesen gleich). In diesem Sinn kann man weder Gaja, die Erde, noch die Menschheit losgelöst denken von den übrigen Lebewesen und von den physikalisch-chemischen Voraussetzungen, die Existenz und Fortbestand des Lebens ermöglichen.

Diese Zusammenhänge machen uns klar, dass alles von der Bewahrung der Erde und vom Erhalt der Bedingungen ihres Lebens und ihrer Reproduktion abhängt. Ohne das wäre alles weitere Ansinnen sinnlos, fehlte doch die grundlegende Voraussetzung, will sagen: der Fortbestand der Erde mit ihren Söhnen und Töchtern. Leider ist diese neue Wahrnehmung aber noch lange nicht in das kollektive Bewusstsein eingegangen.

2. Globale Ethik – globale Optik

Sind die Gegebenheiten global, muss auch die Ethik global sein. Bisher hatten wir vorwiegend eine Ethik, die sich in verschiedenen Moralkodizes ausdrückte, je nach Kultur und Region des Erdballs. Natürlich haben solche moralischen Ansichten nicht ausgedient, bestimmen sie doch die Werte, Normen und Praktiken, die der Mensch in seinem konkreten existentiellen, gesellschaftlichen und ökologischen Verhalten an den Tag legt. Geboren aber werden derlei Moralvorstellungen aus der Reflexion des Menschen über das *Ethos*, das seinerseits universal ist. *Ethos* umschreibt die Haltung von Verantwortung und Achtsamkeit gegenüber dem Leben, von gesellschaftlichem Zusammenleben und Bewahrung der Erde, einschließlich jedes Wesens, das darauf existiert, sowie von Identifizierung eines letzten Sinns des Universums. Dieses Grund*ethos* kommt sodann in regional- und kulturbedingten Moralkodizes zum Ausdruck, die ihrerseits aber nur begrenzt für die jeweilige Region und Kultur gelten.

Heute geht es um ein *Ethos* auf der Höhe des jüngsten Entwicklungsstadiums der Geschichte, das global und planetarisch ist. Natürlich kann dieses global geltende *Ethos* nicht einfach das Transplantat einer regionalen Moral sein, mag diese auch die gegenwärtig maßgebliche sein. Nein, die Herausforderung, vor der wir stehen, ist ein *Ethos*, das tatsächlich sowohl die Globalisierung als auch die Planetarisierung der menschlichen Erfahrung artikuliert, auf der Grundlage einer neuen Sensibilität, eines *Pathos*, das dem neuen Zivilisationsmodell erst seine Struktur gibt.

3. Globalisierung und neue Kosmologie

Soll dieses *Ethos* hieb- und stichfest sein, muss es an erster Stelle die grundlegende Betrachtensweise der Globalisierung widerspiegeln, wie wir sie von der neuen Kosmologie her kennen. Auszugehen haben wir also von der konkret vorfindlichen Erde, wie wir sie empirisch im Alltag erfahren und wie wir sie mittels Analyse durch empirische Wissenschaften noch exakter vermittelt bekommen. Demnach stehen die Dinge aber nicht einfach nebeneinander, sondern sind alle miteinander und nach vorn und nach hinten untereinander verbunden. Unmöglich also, die Erde qua physikalischen Planeten, die Biosphäre und die Menschheit strikt voneinander zu trennen oder auch nur nebeneinander zu plazieren. Es kommt darauf an, bewusst zusammen zu halten, was immer zusammen gehört hat und zusammen gehört. Es geht darum, die Erde als physikalisch-chemische, biologische, gesellschaftlich-anthropologische und spirituelle Gesamtheit zu begreifen, als das eine komplexe Ganze, mit einem Wort gesagt: als unser gemeinsames Haus.

Das ist die Betrachtensweise, wie Astronauten sie in ihren Raumschiffen haben. Vom Mond oder vom äußeren Weltraum her gesehen, erweist sich ihnen die Erde in ihrer ganzen herrlichen, zerbrechlichen Einheit. Wer sollte da noch zwischen Erde und Menschheit unterscheiden können? Beide bilden ein organisches, systematisches Ganzes. Die Erfahrung, die Erde von außerhalb der Erde zu betrachten, verändert den Bewusstseinsstand der Menschheit, wie sie auch den Sinn der Weltraumfahrer verändert hat. Ihr Bewusstsein fühlt sich eins mit der Erde und mittels der Erde mit dem Kosmos.

Das System Erde ist mit seinen ökologischen Subsystemen seinerseits die Frucht der Geschichte des Weltalls. Das Leben erweist sich als etwas, das aus der Komplexität der Geschichte der Erde auftaucht, bzw. als Materie, die sich selbst organisiert. Menschliches Leben näherhin erscheint als etwas, das aus der Geschichte der Komplexität des Lebens hervorbricht. Nichts von Bruch, alles gehört zusammen. Alles bildet einen einzigen komplexen Prozess, der (folglich nicht linear, sondern) dynamisch und noch immer offen ist.

Nicht genug damit. Mit dem Auftauchen des Kyberwesens[1] treten wir definitiv in eine neue Phase des Evolutionsprozesses des Menschen ein. Mit anderen Worten: Die Technologie ist nicht mehr einfach etwas Instrumentelles, das dem Menschen von außen zukäme. Sondern sie ist Teil seiner konkreten Natur geworden. Ohne den technisch-wissenschaftlichen Apparat sind weder die konkrete Existenz noch das Überleben des Menschen mehr zu verstehen. Im selben Rhythmus, wie sich dies alles abspielt, entsteht ein neues Gehirn bzw. ein neuer Kortex: das *World Wide Web* (das weltweite Kommunikationsnetz), die Verbindung aller mit allen, der individuelle Zugang (mittels Internet und globalen Kommunikationsnetzes) zu jeder Erkenntnis und Information, die die Menschheit zusammenträgt. In gewisser Weise wird jeder Mensch zu einer Nervenzelle im erweiterten Gehirn von Gaja.

4. Dialog aller mit allen – ein unausweichliches Muss

Wenn wir an diese komplexe Einheit denken und sie als kollektives Projekt gestalten wollen, dürfen wir uns als Modell nicht nur an den westlichen, weißen, erwachsenen, technisch-wissenschaftlich gebildeten, christlichen bzw. säkularisierten Menschen halten.

[1] Kyberwesen: Makroorganimus aus der Symbiose bzw. Verbindung biologischer Gegebenheiten mit mechanischen und elektronischen Realitäten. Heutige Gesellschaften zum Beispiel sind solche Kyberwesen, insofern in ihnen Menschen, Gemeinwesen, Maschinen und Informationsnetze ko-existieren und sich gemeinsam weiterentwickeln (ko-evoluieren) und mithin ein Ganzes bilden, das – jetzt unter dem Steuer des Menschen – den Evolutionsprozess vorantreibt.

Wir müssen auch andere Aspekte von Zivilisation hinzunehmen, wie etwa, dass Menschen und Völker multiethnisch und multireligiös sein können und dass sie weiblich und verschiedenen Alters sind. Zentral und grundsätzlich aber kommt es auf die ethische und moralische Frage an. Wir sahen ja bereits, dass das ökologische Gleichgewicht der Erde (umweltbezogene Ökologie) bedroht ist und dass der größte Teil der Menschheit unter schlimmen sozialen Ungerechtigkeiten (soziale Ökologie) zu leiden hat. Die Herausforderung ist, eine planetarische Zivilisation zu schaffen, in der alle Platz haben, die keine Spaltung der Menschheit zulässt (integrale Ökologie) und die bewusst die beiden Pole von Einheit und Verschiedenheit als komplementäre Werte (mentale Ökologie) zusammenhält.

Einerseits müssen wir also ein Auge darauf haben, dass die Kulturen in ihrer Einzigartigkeit erhalten bleiben, dass sie sich andererseits aber auch für den unumgänglichen Dialog mit allen anderen Kulturen öffnen, mit den Verlusten und Zugewinnen, die solch eine Entwicklung mit sich bringt. Verschließen sie sich in sich, kommt es zu allen nur möglichen Fundamentalismen. Öffnen sie sich dagegen, legen sie ungeahnte, bisher verborgene Möglichkeiten an den Tag und bereichern damit nicht nur sich selbst, sondern auch die anderen Kulturen.

Dazu aber müssen wir das moderne Paradigma mit seinem Streben nach Untergliederung, Atomisierung und Reduzierung *ad acta* legen. Was wir statt dessen brauchen, ist das zeitgemäße holistische Paradigma, in dem die Dinge im Zusammenhang betrachtet werden, alles mit allem in Verbindung gebracht wird und die Koexistenz des Ganzen und seiner einzelnen Teile

Vorrang hat (Hologramm): die Multidimensionalität der Wirklichkeit mit ihrer Nichtlinearität, mit Gleichgewichts- und Ungleichgewichtszuständen, mit Chaos und Kosmos, mit Leben und Tod. Darum gilt, die gesamte Wirklichkeit in und vermittels ihrer ökoorganisatorischen Beziehung zur kosmischen, natürlichen, kulturellen, wirtschaftlichen, symbolischen, religiösen und spirituellen Umwelt ins Auge zu fassen.

Was uns also Not tut, ist eine *glokale* Haltung: globales Denken in Verbindung mit lokalem Handeln sowie lokales Denken in Verbindung mit globalem Handeln. Edgar Morin, der große Denker des Komplexen, hat darauf aufmerksam gemacht, dass das neue planetarische Denken keinen Gegensatz kennt zwischen Universalem und Konkretem, zwischen Allgemeinem und Singulärem. Das Universale ist Einzelfall geworden, insofern jeder Einzelfall Teil und Parzelle des Universums ist. Das Konkrete ist das irdische Universum, in dem wir leben, uns bewegen und sind. Wir kriegen heute hautnah die Geburt des konkreten Universalen mit: die Planetarisierung, die jüngste Entwicklungsstufe von Erde und Menschheit.

So die Dinge zu verstehen geht nur mit einem veränderten Bild von der Welt, vom Menschen und von dessen Auftrag in der Geschichte des Kosmos. Neue Musik braucht neue Ohren. Was für einer Ethik und was für einer Moral also bedarf es in dieser ökozoischen und planetarischen Ära? Erst wenn wir diese haben, werden wir im Stande sein, mit all den Problemen umzugehen, die unbedingt gelöst werden müssen, – wie soziale Krise, Neudefinition der Arbeit und ökologischer Alarm.

III. BEGRÜNDUNG EINER PLANETARISCHEN ETHIK

Wie finden wir eine gemeinsame Plattform, auf die wir uns alle einigen und verständigen können? Denn wollen wir unserem Status als Menschen entsprechend leben, müssen wir – Männer und Frauen, die wir sind – zu bestimmten Konsenslinien kommen, bestimmte Unternehmungen koordinieren, bestimmte Praxisformen ausschließen und bestimmte kollektive Erwartungen und Vorhaben formulieren. Dem ist so, seitdem es menschliche Gemeinwesen gibt. So stehen wir vor der Frage, ob es einen gemeinsamen ethischen und moralischen Bezugspunkt gibt, in dem sich alle finden können. Nur, was ist die Grundlage für einen derartigen gemeinsamen Bezugsrahmen?

Beziehungen sind heutzutage eine äußerst schwierige Sache. Und ausgerechnet da wird nun für alle Menschen ein gemeinsamer Bezugsrahmen gefordert, mit dem Argument, sie bewohnten ja alle denselben Planeten, entdeckten sich gegenwärtig als eine Spezies, hingen alle gegenseitig voneinander ab, lebten alle in ein und demselben Haus und hätten alle ein gemeinsames Schicksal. Fänden sie zu keiner Übereinkunft in Sachen ethischer und moralischer Mindestforderungen, wie sollten sie da ko-existieren, das gemeinsame Haus erhalten und allen eine lebenswerte Zukunft garantieren können?

1. Begriffsbestimmung: Ethik und Moral

Zur Bestimmung der Begriffe Ethik und Moralität haben wir zunächst vom ursprünglichen Sinn der beiden Termini auszugehen. Sämtliche Moralkodizes, so unterschiedlich sie auch sein mögen, fußen auf einem gemeinsamen Hintergrund, auf der Ethik. Ethik gibt es nur im Singular; denn Ethik hat es mit der menschlichen Natur zu tun, so wie sie in jeder Person steckt, während Moral immer im Plural steht und die unterschiedlichen Moralvorstellungen verschiedene kulturelle und geschichtlich gewachsene Ausdrucksformen der einen Ethik sind.

Was ist Ethik? Die Etymologie des Wortes führt uns zum ursprünglichen Sinn des Begriffs Ethik. Ethik kommt vom griechischen *ethos*. Das Wort lässt sich auf zweifache Weise schreiben: mit Eta (ä: ηθος) und mit Epsilon (kurzes e: εθος).

Ethos, im Anlaut mit Eta geschrieben (ηθος), bedeutet Wohnort, ständige Unterkunft für Tier (Stall) und Mensch (Haus). Aus dem Gesamtangebot von Mutter Natur (in philosophischer Sprache: *physis*, in mythologischer Diktion: *Gaja*) nimmt sich der Mensch einen Teil und baut sich damit seine Unterkunft. Diese lässt ihn in der Wirklichkeit Wurzeln schlagen, gibt ihm Sicherheit und vermittelt ihm das Gefühl des Wohlergehens in der Welt. Das Haus ist keine von Natur aus gegebene Größe, sondern muss erst vom Menschen mit seinem Engagement geschaffen werden. Das Haus ist Werk der Kultur. Es will unablässig gepflegt und renoviert, geschmückt und verbessert werden. Mit anderen Worten: *Ethos* ist nichts ein für allemal Fertiges, sondern etwas Offenes, das fortwährend geschaffen, umgestaltet und gepflegt werden will, eben, wie es Menschen mit ihrem Haus üblicherweise halten. *Ethos* lässt sich mithin mit Ethik übersetzen. Als solcher gehört der Begriff in die Kategorie der Zwecke: gut leben, gut wohnen. Doch es geht nicht um irgendwelche Zwecke, sondern um grundlegende Dinge (wie eben gut leben), um unaufgebbare Werte (wie Schutz des Lebens, zumal des schutzlosen Lebens), um Prinzipien als Begründung für ein bestimmtes Tun (Hungrigen zu essen geben) usw.

Im Mittelpunkt des *Ethos* (als Wohnsitz) steht das Gute (Plato). Denn nur das Gute lässt uns den Zweck erreichen, der ja darin besteht, dass wir uns in unserer Behausung wohl fühlen. Und wir fühlen uns dann in unserer Behausung wohl (haben ein *Ethos*, erreichen das angestrebte Ziel), wenn wir entsprechende Vermittlungen entwickeln, wie Gewohnheiten, Lebensstile, Normen und wiederkehrende Handlungsweisen. Mit Hilfe derartiger Vorgehensweisen leben wir menschlich in der Welt, sei diese unser konkretes Haus oder unsere örtliche, regionale und landesweite ökologische Nische oder unser großes Haus, das heißt der Planet Erde.

Für Aristoteles besteht das Kernstück des *Ethos* (Wohnung) im Glück – Glück, nicht verstanden im modernen subjektivistischen Sinn, sondern im objektiven Sinn als Befindlichkeit der Autonomie auf persönlicher und gesellschaftlicher Ebene (Polis). Übersetzen könnte man einen solchen Glücks- und Autonomiezustand als Selbstverwirklichung des Bürgers in seiner persönlichen und sozialen Dimension. Möglich wird die Zielstellung der Autonomie durch Vermittlungen wie Gewohnheiten, Tugenden und juristische Abmachungen, weil diese die konkreten Wege markieren, auf denen man zu seiner persönlichen und gesellschaftsbezogenen Selbstverwirklichung findet.

Auch diese Mittel nannten die Griechen *Ethos*, schrieben das Wort aber mit Epsilon (εθος). Jetzt bedeutet es Sitten. Gemeint ist diesmal jenes Bündel von Werten und Gewohnheiten, das durch die kulturelle Überlieferung eines Volkes sanktioniert ist. *Ethos* im Sinn des Gesamtkodexes von Mitteln und Wegen in Richtung auf ein bestimmtes Ziel (Gutes, Selbstverwirklichung) heißt im modernen, vom Lateinischen her geprägten Kulturraum Moral.

Moral (lateinisch: *mos*, Plural: *mores*) bedeutet präzis die geltenden Sitten, die sanktionierten Gewohnheiten und die allgemein verbindlichen Werte einer bestimmten Kultur. Da es aber viele Sittensysteme gibt und jede Kultur ihren eigenen Sittenkodex hat, führen diese Werte und Gewohnheiten zu unterschiedlichen Moralvorstellungen. So erhellt, dass Ethos im Sinn von Moral immer in der Mehrzahl steht, während sich Ethos im Sinn von Haus nur in der Einzahl findet.

2. Verhältnis zwischen Ethik und Moral

Ethos (mit Eta geschrieben: Wohnung) und *Ethos* (mit Epsilon: Sitten, Traditionen) bzw. Ethik und Moral hängen innerlich zusammen. Gewohnheiten und Sitten (*Ethos* als Moral) zielen darauf ab, die Wohnung der Menschen und ihre soziale Umwelt nachhaltig, autonom und für alle bewohnbar zu machen (*Ethos* als Ethik), also gut und zu Quellen von Glück werden zu lassen. Ein Beispiel mag den Zusammenhang zwischen

Ethik und Moral verdeutlichen. Der Klarheit halber ziehen wir negative Formulierungen vor.

Was heißt es, wenn wir sagen: »Dieser oder jener hat keine Ethik«? Es heißt: »Der betreffende Mensch hat keine Prinzipien, handelt rein opportunistisch, je nachdem, ob ihm dies oder das Vorteile bringt. Von dem kannst du kein konsequentes, kalkulierbares Verhalten erwarten. Der hat keine grundlegende Option für sein Leben getroffen«. So hat beispielsweise ein Journalist keine Ethik, wenn er seine Prinzipien verrät, um für einen notorisch korrupten Politiker die Wahlkampagne zu managen und damit gutes Geld zu machen. Mit dem Hinweis, er tue ja nur seinen Job, kann kein Journalist und kein Profi, wer immer er sei, einen derartigen ethischen Verrat rechtfertigen.

Was heißt es, wenn wir sagen: »Dieser oder jener hat keine Moral«? Es heißt: »Der betreffende Mensch hat keine Tugend, auf den kann man sich nicht verlassen, haut Kunden übers Ohr, veruntreut öffentliche Gelder, beutet Arbeiter aus und ist zu Hause gewalttätig«. Solch eine Person kann sogar Ethik (Grundprinzipien und -werte) haben, handelt jedoch in Widerspruch zu ihren Prinzipien.

Aber es kann auch passieren, dass jemand weder Ethik noch Moral hat. Dieser Mensch handelt willkürlich, je nach seinen ganz unmittelbaren Interessen. Er kennt keine Prinzipien und tut, was ihm individuelle Vorteile bringt. Als Beispiel dafür könnte man vielleicht an ein Fotomodell oder an eine Schauspielerin denken, die bzw. das sich für eine auflagenstarke Illustrierte in provozierender Pose nackt ablichten lässt, um dafür eine schöne Summe Geld einzustreichen. Das Argument, es handle sich bei dem Akt doch um

Kunst oder der Beruf mache auch solche Tätigkeiten erforderlich, entschuldigt weder die fehlende Ethik (Prinzipien, Grundhaltungen) noch die fehlende Moral (Handlungen, die den Prinzipien widersprechen). Andere – nicht minder berühmte – Künstlerinnen, die aber Ethik und Moral haben, würden ihr Bild für kein Geld in der Welt verkaufen, eben um nicht in Widerspruch zu geraten mit ihrer eigenen Ethik und Moral.

Aber da stellt sich eine unausweichliche Frage: Wer bestimmt, was ethisch und was moralisch ist für das menschliche Haus? Was ist die Instanz, die die Kriterien zur Beurteilung dessen festlegt, was für die menschliche Wohnstatt (Ethos) ebenso wie für die Sitten und Werte (Moral), die in dem Haus den Ton angeben, gut oder böse ist?

An Antworten mangelt es nicht. Die griechische Tradition, deren Erben wir sind, sagt einmütig, dem menschlichen *Logos* (Vernunft) komme es zu, zu definieren, was gut und was bewohnbar für alle sei. Um seinem Auftrag sachgerecht entsprechen zu können, muss der *Logos* aber genau auf die Natur hin horchen können. Die Natur ist nicht stumm. Sie steckt voller Botschaften und Appelle. Mehr noch. Die Griechen sind der Ansicht, der menschliche *Logos* stehe weder über noch außerhalb der Natur (*physis*), sondern sei ein Teil von ihr, ein Organ der Natur, das einen befähige, wahrzunehmen, was gut oder was schlecht ist für die menschliche Wohnung. So liegt die Natur, verstanden als Urenergie (*physis*), nicht in Feindschaft zum *Logos*, sondern bringt sich mit ihm und vermittels seiner zum Ausdruck.

Der angedeutete Schritt, dass dem *Logos*, das heißt der intellekt- und verstandesmäßigen Fähigkeit des

Menschen, solch zentrale Bedeutung zugeschrieben wurde, war eine für die ganze, zumindest abendländische Geschichte folgenschwere Entscheidung. Weiter unten werden wir ausführen, was hier schon mal vorweggenommen sei, dass die Botschaft der Natur nicht nur dem *Logos* zugänglich ist, sondern auch anderen Organen, welche die Wahrnehmungsfähigkeit des Menschen ausmachen, wie Intuition, Sympathie, Empathie (*pathos*) sowie die geistig-geistlichen Sinne, insbesondere der Sinn der Achtsamkeit gegenüber allem, was lebt und einen Wert darstellt. Auf alle Fälle führt kein Weg an der Feststellung vorbei, dass unsere westliche Kultur den *Logos* privilegiert und zum Grundorgan von Wahrnehmung und Unterscheidung gemacht hat, das schließlich auch die Entscheidung des Willens bestimmt.

Natur und *Logos* gehen in dieser Verstehensweise immer Hand in Hand und bilden zusammen die gemeinsamen Maßstäbe für die moralischen Verhaltensweisen in der Gesellschaft. Alle Menschen sind ihnen gleichermaßen verpflichtet, weil ja auch alle Träger und Trägerinnen von Natur und *Logos* sind. Beide wollen das Glück oder – anders gesagt – die Selbstverwirklichung des Menschen in einem integrierten und ausgeglichenen sozialen und ökologischen Umfeld. Natur und *Logos* bilden ein glückliches Paar. Verschieden wie sie sind, geben sie sich gleichwohl die Hand und befinden sich gemeinsam im Dienst an der persönlichen und sozialen Wohnstatt der Menschen (*Ethos*).

Nun sind Natur und *Logos* aber, was die Griechen allerdings nicht mit hinreichender Schärfe erkannt haben, eingebettet in die Geschichte. Geschichte lässt sich weder bremsen noch in Gips legen. Geschichte befindet sich immer in einem Prozess, ist stets in Veränderung begriffen und baut unentwegt an dem, was noch niemand versucht und zu Wege gebracht hat.

In Zeiten, die auf die großen Synthesen der klassisch-griechischen Philosophie folgten, gingen *Logos* und Natur jedoch unterschiedliche Wege. Die Idylle von gegenseitiger Integration und harmonischem Einklang war dahin. Gleich zwei Pferden fingen sie an, den Wagen in verschiedene, ja entgegengesetzte Richtungen zu ziehen.

Natur ist mehr als *Logos*. Der *Logos* bringt einiges zum Ausdruck, was an Möglichkeiten in der Natur steckt. Aber längst nicht alles. In der Natur wohnen noch mehr Möglichkeiten. Es dämmert den Menschen, dass Natur und Vernunft an Geschichte gebunden sind. Konflikte brechen aus, wie Wesen und Auftrag der Vernunft zu begründen und zu deuten sei.

Erst dem Geist der Moderne gelang es, die Dimension der Geschichtlichkeit von Natur und *Logos* wahrzunehmen. Natur und *Logos* sind keine einfachen, gleichgepolten Größen. *Logos* hat es in jedem Fall mit Natur zu tun; aber nicht alles, was Natur ist, geht im *Logos* auf. Natur kann auch unlogisch und widersinnig sein. Was an Kombinationen zwischen Natur und Vernunft möglich ist, unterliegt geschichtlicher Variationsbreite und hängt an Konstellationen und Interpretationen, wie der ganze Prospekt kulturellen Angebots sie denn auch ausbreitet. Hineinspielen kann sogar die Dimension von Wahnsinn, Drama und Tragödie. Perplex steht der Mensch vor der Entdeckung, dass er zugleich *sapiens* und *demens* ist.

Was sich veränderte, war anfänglich das Verständnis von *Natur*. Die mittelalterlichen Denker hatten einen metaphysischen Begriff von Natur konzipiert und an etwas Statisches gedacht, hinter dem unveränderliche, im Voraus erkennbare Gesetze und Richtlinien stehen. In der Folge übernahm das offizielle Lehramt der katholischen Kirche diese Betrachtensweise. Sie versteht das Naturgesetz als Manifestation des ewigen Gesetzes innerhalb der natürlichen Welt, die sie sich als fertiges, geschlossenes System vorstellt. Auch die Kirche will also, wie zuvor griechische Philosophie, Natur und Vernunft in einen Ausgleich miteinander bringen und in den Dienst am ewigen Plan Gottes stellen.

3. Zwei Ethikverständnisse der Moderne

Sodann, schon in Zeiten der Moderne, veränderte sich auch das Verständnis von *Logos*. Dieser wird seither subjektiviert. Das vernunftbegabte *Subjekt* und nicht mehr so sehr die Natur gelten fortan als bevorzugter, wenn nicht aus alleiniger Träger des *Logos*. Die Natur hingegen ist etwas Chaotisches (Wildes) und muss sich von der menschlichen Vernunft in Ordnung bringen (das heißt: zivilisieren) lassen. Die Natur ist Gegenstand und Ort des freien Handelns des Menschen. Hochachtung und Verehrung angesichts der Natur wären fehl am Platz. Im Gegenteil. Francis Bacon, einer der Gründerväter des modernen Paradigmas, ist der Ansicht, man müsse die Natur geradezu ins Prokrustesbett pressen. Wie bei einem Inquisitionverhör müsse man sie foltern, bis sie alle ihre Geheimnisse preisgebe.

Die Charakteristika des vernunftbegabten Subjektes sind Kreativität, Fähigkeit zu Planung und Schaffung von Ordnung, Freiheit, Autonomie, Mündigkeit und Verantwortung für sein Eingreifen in Welt und Geschichte. Worauf der Mensch horcht, ist weniger die Natur als er selbst mit seinen Wünschen und Plänen. So wird er zum Schöpfer einer Ordnung, für die er sich selbst verantwortlich fühlt.

Zwei kollektive Subjekte bespielten hauptsächlich die historische Bühne der Moderne: Bürgertum und Proletariat. Beide wollten ihr Vorhaben durchgesetzt sehen. Dem Bürgertum ging es darum, mit Hilfe seines wissenschaftlich-technischen Kenntnispotentials, das ja auch die Grundlage für seine wirtschaftliche und militärische Macht bildete, die Welt zu beherrschen und zu Reichtum zu kommen, selbst für den Preis eines schlimmen Maßes an sozialer Ungerechtigkeit und an ökologischer Verwüstung. Ziel des Proletariats war es, die bestehenden asymmetrischen Gesellschaftsbeziehungen zu revolutionieren und eine Gesellschaft zu schaffen, in der Gleichheit und Geschwisterlichkeit für alle herrschten, angefangen mit den An-den-Rand-Gedrängten und Vor-die-Tür-Gesetzten.

Hegel konzipierte seine Philosophie vom bürgerlichen Subjekt her und sah in ihm den Gestalter und Richtungsweiser der Geschichte. Marx dagegen dachte vom proletarischen, dem Herrn unterworfenen Subjekt her. Diesem sprach er die Aufgabe zu, das Herr-Sklaven-Verhältnis zu revolutionieren und zu beenden und an einer Gesellschaft von freien, solidarischen, partizipativen Bürgern zu arbeiten. Ziel war der Sozialismus – im Sinne einer voll und ganz realisierten Demokratie.

Jedes dieser Projekte begründet sein *Ethos*, das heißt ein Bündel von Werten, Handlungsprinzipien und Utopien für die Zukunft. Und jedes buchstabiert das *Ethos* herunter in praktische Moralvorstellungen. Die grundsätzliche Haltung (Ethos) wird übersetzt in konkrete Taten (Moralvorstellungen).

Moralisch ist alles, was dem einen wie dem anderen Projekt zugute kommt, unmoralisch, was ihm widerspricht. Für das Bürgertum ist alles moralisch, was ihm hilft, Produktionsmittel und Instrumente zum Aufbau kollektiver Subjektivitäten in Einklang mit seinem *Ethos* in die Hand zu bekommen und unter seine Kontrolle zu kriegen. Für das Proletariat ist moralisch, was darauf hinwirkt, ihm mehr Macht zu geben, um auf das Bürgertum Druck ausüben zu können, seine Kraft als Klasse zu stabilisieren, in den Menschen die revolutionären Ideale zu stärken und den Staat zu erobern, um von dort aus die gesellschaftlichen Beziehungen zu verändern.

Noch einmal: Die eigentliche Frage besteht nicht in der moralischen Bewertung der *Akte*, die zur Verwirklichung des einen wie des anderen Projektes führen. Die eigentliche Frage ist, wie das Projekt an sich zu bewerten ist – mit seinen Prinzipien und Grund*haltungen*, ohne die es nie zu Stande kommen würde, oder anders gesagt: mit dem ihm zu Grunde liegenden *Ethos*. Die Frage, die sich nun stellt, lautet: Wie arrangieren das bürgerliche und das proletarische *Ethos* jeweils das menschliche Haus? Welches kümmert sich besser darum und garantiert damit eher das Wohl des Gemeinwesens? Welches ist für das Haus in seiner umweltmäßigen und sozialen Zukunftsfähigkeit eine größere Bedrohung?

Die Ergebnisse sprechen für sich. Das *Ethos* der sozialistischen Tradition, deren Träger das Proletariat war, erwies sich als großzügiger und solidarischer mit den Unterdrückten. Das *Ethos* der kapitalistischen Tradition, deren historischer Träger nach wie vor das Bürgertum ist, hat *per definitionem* sein Kernstück in Individualismus und Konkurrenz, wobei letztere der Möglichkeit der Solidarität enge Grenzen setzt. In der Gegenwart stellt das kapitalistische *Ethos* für die Natur, für die Freundschaft unter den Völkern und für die gemeinsame Zukunft der Menschheit eine ernsthafte Bedrohung dar.

Beide Systeme sind jedoch Ausdrucksformen ein und derselben modernen Subjektbezogenheit. In beiden steckt ein und dieselbe Grundeinstellung, der zufolge die Natur Objekt sei, das es auszubeuten gelte, und der zufolge die Natur kein Inhalt des Sozialpaktes sei; denn dass auch die Natur Subjektcharakter habe und für den Menschen ein unverwechselbares Gegenüber sei, davon will man nichts wissen. Diese moderne Subjektbezogenheit bietet in der einen wie in der anderen Form keine sicheren Kriterien zur Beantwortung jener kollektiven Fragen, vor die uns die Globalisierung, die neue weltweite Einheitsgesellschaft sowie sämtliche Gefahren führen, welche Erde und Menschheit drohen.

Die Last der Partikularinteressen des einen wie des anderen Projektes verstellt den Blick für die Globalität des Anliegens. Der Eifer, sämtliche erreichbaren Produktionsmittel einzusetzen mit dem Ziel sei es der privaten (Kapitalismus), sei es der kollektiven Aneignung (Sozialimus), ohne jedoch zu berücksichtigen, dass die Ressourcen der Erde begrenzt sind und ihr ökologisches Gleichgewicht auf wackligen Beinen steht, machte aus den Produktionsmitteln höchst effiziente Mittel zur Zerstörung von Natur und Biosphäre.

Diese Lage, die mittlerweile alarmierend geworden ist, versieht das Projekt der modernen Subjektbezogenheit und des *Logos*, bedenkt man es aus der Pespektive, dass sich die Interessen der involvierten Gruppen gegenseitig ausschließen, mit einem deutlichen Fragzeichen. In der heutigen Kultur werden große Bedenken geäußert, wenn es heißt, der *Logos* habe integrierende Kräfte. Eher habe er sich, wenn man an die modernen Kriege mit ihren massenhaften Vernichtungen denke, als schreckliche Gefahr für die Zukunft von Biosphäre und Menschheit erwiesen. Halten wir blind daran fest, ist nicht auszuschließen, dass wir im Abgrund landen.

4. Natur und Geist in der zeitgenössischen Ethik

Als Reaktion auf den subjektivierten *Logos* ist gegenwärtig zu beobachten, dass sich das Denken wieder mehr der Natur und dem universalen *Logos* zuwendet, wobei aber beide angesiedelt sind im Rahmen der neueren Erkenntnisse der Erdwissenschaften, der Ökologie und der verschiedenen spirituellen Wege.

So ist in der neuen Kosmologie etwa Natur viel mehr als die *natura* mittelalterlicher Theologen, aber auch mehr als die Natur in den modernen Wissenschaften. Wir sind wieder näher beim Begriff der *physis* der Griechen. Für uns ist Natur heute die artikulierte Gesamtheit aller kosmischen Energien, die sich im Prozess der Materialisierung bzw. der Entmaterialisierung befinden. Natur sind die zahllosen Wahrscheinlichkeiten, die aus dem Quantenvakuum hervorbrechen und auf Konkretisierung hin offen sind. Natur ist das Leben in seiner Einheit und in der Vielfalt seiner Erscheinungsformen, verstanden als Prozess der Selbstorganisierung (*autopoiesis*) der Materie. Natur ist der universale, kosmische *Logos*, wie er sich in der Geschichte zum Ausdruck bringt und Kultur, Bedeutungen und Prozesse der Spiritualisierung schafft. Im modernen Verständnis besitzt Natur Subjektcharakter und Spiritualität. Deshalb kommen wir an die Natur nicht allein mit *Logos* und instrumental-analytischer Vernunft heran. Da stünden wir bald vor dem Aus. Den Weg dahin bahnen uns vor allem *Pathos* (Struktur der Sensibilität), Achtsamkeit, *Eros* (Struktur des Wunsches), Intuition sowie symbolische und sakramentale Wahrnehmung.

Der Mensch nimmt in der Natur einen einzigartigen Platz ein. Er hat eine doppelte Funktion. Zum einen hat er seinen Ort *innerhalb* der Natur, ist Teil der Natur und bewegt sich mit im gewaltigen Prozess der Evolution von Natur und Kyberwesen. Zum anderen steht er aber auch der Natur *gegenüber*, ja ist ein Gegenüber zur Natur. Dank seinem Bewusstsein und seinem technischen Wissen greift er in sie ein und erweist sich somit als ihr Gestalter. Nichtsdestoweniger hört er auf, Teil der Biosphäre zu sein und auch unter geologischem Gesichtspunkt ein ganz konkretes Objekt darzustellen. Der Mensch ist immer sowohl Teil als auch Meister der Natur. Das Verhältnis zwischen Mensch und Natur ist dialektisch. Das heißt: Beide sind untrennbar ineinander verwoben, so dass das Schicksal des Einen auch das Schicksal des Anderen ist.

Wir betrachten die Natur also aus dieser zeitgenössischen Perspektive. Sie ist das Markenzeichen der ökozoischen Ära, insofern sie wieder ein offeneres, umfassenderes Verständnis von Natur zur Geltung bringt (das seinerseits auch den im *Logos* sich widerspiegelnden Geist mit umfasst). Was beinhaltet, so gesehen, dann aber der Begriff Natur? Für uns beinhaltet Natur – weniger festgelegte Gesetze und rigide Anweisungen als vielmehr – (1.) einen umfassenden Sinnzusammenhang oder, anders gesagt, Verschiedenheiten, die sich zu einer dynamischen Einheit zusammenfügen. Für uns beinhaltet Natur (2.) eine Sinnrichtung (Pfeil der Zeit). Damit soll gesagt werden, dass die Dinge an Komplexität zunehmen und infolgedessen zu höheren und geordneteren Lebensformen (dissipative Strukturen der Entropie, in Verbindung mit einem Wachstum an Informationen und an Ebenen der Erinnerung), Konvergenzen und Zweckbestimmungen heranreifen, die ihrerseits Werte und Wichtigkeiten für das persönliche, gemeinschaftsbezogene und gesellschaftliche Leben darstellen. Natur beinhaltet für uns (3.) Zusammenleben, Anpassung, Toleranz und Solidarität mit allen. Daraus erwachsen Grundhaltungen, die für das persönliche und gesellschaftliche Dasein des Menschen unerlässlich sind. Schließlich beinhaltet Natur für uns (4.) Regenerationsmöglichkeiten, bestmögliche Verwertung der Ressourcen, Ausbleiben von Abfall, Synergie (das Zusammenwirken aller führt dazu, dass 2 + 2 = 5 ist), Manifestation des Ganzen im Teil und Integration des Teils im Ganzen. Doch diese holistische Betrachtungsweise ist in unserer Welt der Atomisierung, der Rationalisierung und der Technisierung menschlicher Vorhaben verloren gegangen. Leider.

Dieses Verständnis von Natur speist, wie wir weiter unten sehen werden, eine der Strömungen in der universal gültigen Ethik, von der her sich dann ein mögliches Welt*ethos* inspiriert.

Doch was sind das für Strömungen, die einen universalen, global gültigen ethischen und moralischen Diskurs anstreben? Im Folgenden gehen wir gezielt dieser Frage nach. Damit sind wir beim Kernstück unserer Untersuchung.

IV. FORMEN DER UNIVERSALISIERUNG DES ETHISCHEN DISKURSES

Zurück zu der zentralen Frage, von der bereits zuvor die Rede war: Wie können wir uns auf einen Mindestkonsens über ethische Werte einigen, der für alle Menschen verbindlich ist? Tatsache ist doch, dass wir Menschen heute an einem einzigen Ort versammelt sind, auf dem einen Planeten Erde. Die angestrebten Werte müssten uns in den Stand versetzen, den drei genannten globalen Fragen beizukommen, der sozialen, der auf die strukturell bedingte Arbeitslosigkeit bezogenen und der ökologischen Frage.

Im Bereich von Ethik und Moral zeichnen sich gegenwärtig im Wesentlichen sechs Hauptargumentationsläufe ab, die allesamt möglicherweise die Basis für eine planetarische Ethik beinhalten:

- sozialer Utilitarismus
- Ethik des kommunikativen Diskurses und der Gerechtigkeit
- Ethik auf der Grundlage der Natur
- in den religiösen Traditionen der Menschheit verwurzelte Ethik
- Ethik nach Maßgabe des Armen und Ausgeschlossenen
- Ethik auf der Grundlage der Würde der Erde.

Jede einzelne dieser sechs Argumentationen soll im Folgenden summarisch betrachtet und an der Frage gemessen werden, welche Möglichkeiten sich aus ihr zur Begründung eines Welt*ethos* ergeben.

1. Sozialer Utilitarismus: Tragfähigkeit und Grenze

Jede Ethik und jede Moral hat es mit Handeln zu tun, das wirksam werden will. Die Frage ist, inwieweit das angedachte Handeln einer größtmöglichen Zahl von Menschen Glück und Selbstverwirklichung bringt. So die Dinge pragmatisch zu betrachten ist grundsätzlich nicht falsch und war auch der Impulsgeber für eine ganze ethische Schule, für den sogenannten Utilitarismus. Seine Vordenker stammen vor allem aus England. Thomas Hobbes (1588–1679), David Hume (1711–1776) sowie insbesondere Jeremy Bentham (1748–1832) und John Stuart Mill (1806–1873) sind sozusagen die Architekten und Systematiker des Utilitarismus, der heute die Grundlage liefert für viele soziale Reformen (Neoutilitarimus) anglosächsischer Prägung.

Natürlich kann man auch in dieser Strömung Unterströmungen ausmachen, die jedoch in einer Reihe von – für unser Thema relevanten – Charakteristiska konvergieren.

a. Prinzipien des utilitaristischen Ethos

– *Prinzip der Konsequenz* oder das *teleologische Prinzip*. Die moralische Beurteilung ist festzumachen an den Folgen, die sich aus dieser oder jener Handlung ergeben. Utilitaristisches Denken kennt keine in sich erlaubten oder unerlaubten bzw. innerlich guten oder schlechten Taten, wie es die klassische deontologische Position will (griech. *deon* = Pflicht: »Du sollst nicht lügen, keinen Unschuldigen töten, niemandem Gewalt antun«). Alles hängt von den Konsequenzen ab, die es zu kalkulieren gilt. Ergeben sich aus einer moralischen Tat gute bzw. schlechte Folgen, ist auch die Tat selbst gut bzw. böse. Nach welchen Kriterien sind aber das Tun und Lassen eines Menschen zu bewerten. Hier kommt des zweite Prinzip ins Spiel.

– *Nützlichkeitsprinzip*. Die Folgen müssen nützlich sein für die Realisierung des Guten. Doch geht es nicht um irgendein Gut, sondern um das Gut, das für die Menschen wirklich hilfreich ist. Voraussetzung ist also eine Theorie darüber, was gut ist, woraus sich dann – implizit zumindest – die Notwendigkeit einer ontologischen und »natürlichen« Argumentation ergibt. Aus diesem Grund formulierten einige Vertreter dieser Richtung den sogenannten Regelutilitarismus. Eine Handlung ist gut oder schlecht in dem Maße, in dem sie die gute oder die schlechte Folge einer geltenden Regel ist. Diese Regel hat für alle verbindlich zu sein, in dem Sinn, dass das Nützlichkeitskalkül möglichst umfassend gelten und die Glücksproduktion möglichst alle erreichen soll (*the greatest happiness of the greatest number*). Das Postulat führt uns zu einem weiteren Prinzip, ohne welches utilitaristisches Denken unvollständig wäre.

– *Prinzip des Hedonismus*. Das Gute erreicht sein Maximum, wenn es die Bedürfnisse der Menschen befriedigt und ihren persönlichen Neigungen entspricht, wenn es also zu Vergnügen, Freude und Glück führt (sog. Proportionalismus). Bei der Definition dessen, was Glück, Freude und Lust sei, müsse man Toleranz gelten lassen, sagen die Utilitaristen. Denn jeder Mensch formuliere ja seinem eigenen Lebensplan und da müsse er auch kalkulieren dürfen, welches Maß an Vergnügen, Glück und Freude er in seinem Plan haben wolle.

Es kommt also auf die rechten Proportionen zwischen dem Quantitativen und dem Qualitativen an. Aber nicht einfach irgendwie. Das Qualitative hat Vorrang vor dem Quantitativen (vgl. den berühmten Satz von Stuart Mill: »Besser ein unzufriedener Mensch als ein zufriedenes Schwein«). Aber auch was die persönlichen Neigungen angeht, ist zu differenzieren. Glücklich kann sich ja sowohl jemand fühlen, der sich einen Pornofilm ansieht, als auch jemand, der in die »Symphonie der beiden Welten« von Dom Hélder Câmara geht. Nur, die Qualität des Zweiten ist höher als die des Ersten, weil es das Sein des Menschen voller realisiert. Immerhin ist der Mensch ja nicht nur ein Instinktwesen (ein Tier, das auf Empfindungen aus ist), sondern vor allem ein Wesen, für das auch Ästhetik und Ethik (ein transzendentes Lebewesen) gelten. Doch besteht bei der Suche nach der richtigen Proportion nicht die Gefahr des Individualismus? Das folgende Prinzip, das Sozialprinzip, soll dem Risiko wehren.

– *Sozialprinzip.* Ins Kalkül muss auch die gesellschaftliche Perspektive einfließen, insofern es um das Glück der größtmöglichen Zahl sowohl an Menschen als auch an Lebewesen überhaupt geht, das heißt an Tieren und Pflanzen. Die größtmögliche Zahl heißt das größtmögliche Maß an Menschen und Lebewesen, denen das Ganze zum Vorteil gereicht, in Verbindung mit dem größtmöglichen Maß an Nutzen. Ablesen lässt sich das zum Beispiel an der Wirtschaft, konkret am Bruttoinlandsprodukt einer Gesellschaft. Je größer die Menge an produzierten Gütern und Dienstleistungen, desto größer die Zahl der potentiellen Nutznießer.

Was allerdings bei diesem Kalkül nicht berücksichtigt wird, ist die Art der Verteilung, ob das Ganze gerecht oder ungerecht verteilt unters Volk kommt. Mit anderen Worten: Die Frage der distributiven Gerechtigkeit wird ausgeblendet. So herrschen zum Beispiel im System des abhängigen Kapitalismus große soziale Unterschiede und Situationen der Ungerechtigkeit; denn kleine Eliten verfügen über die hauptsächlichen Lebens- und Machtmittel, während die Übrigen draußen vor bleiben. So dürfte deutlich geworden sein, dass das Gute im hedonistischen Sinn (Quantum und Intensität an Vergnügen) und das Nützliche im Sinn des sozialen Kalküls und nicht nur des individuellen Vorteils verstanden wird.

b. Anwendung der Prinzipien auf die Globalisierung

Wendet man nun die genannten vier Prinzipien auf die planetarische Ebene an, lässt sich dem Utilitarismus in einer ersten, oberflächlichen Annäherung eine gewisse praktische Brauchbarkeit nicht absprechen. Was ist nützlich und gut für die Gesamtheit der Menschen wie für das System Erde? Was nützlich und gut ist, lässt sich mittels des folgenden, in der Tat universalen Imperativs zum Ausdruck bringen: »Tu nichts, was durch den Einsatz von nuklearen, chemischen und biologischen Waffen die Zerstörung des Systems Erde zur Folge haben könnte; handle nie so, dass die Konsequenz deines Handelns die Verwüstung der Lebensbedingungen auf der Erde sein könnte; lass dich auf keine (wissenschaftlichen oder biotechnischen) Unternehmungen ein, die zur Liquidierung von Lebensarten, namentlich der des *homo*, führen könnten« (Prinzip der Konsequenz).

Diese Imperative sind die Bedingung der Möglichkeit dafür, dass überhaupt etwas sein kann, ja, dass überhaupt jemand über Nutzen oder Nutzlosigkeit, über Glück oder Unglück reden kann.

So gesehen, wäre es der Mühe wert, das Thema Gemeinwohl wieder ins Gespräch zu bringen, diesmal aber nicht allein unter sozialem, sondern auch unter ökologisch-sozialem Gesichtspunkt. Nicht nur das Wohl der Gesellschaft, sondern auch das Wohl der Erde als System gilt es zu bewahren: die verschiedenen Ökosysteme, die Biosphäre, die Hydrosphäre, die Tiere und die Pflanzen, die Mikroorganismen und die physikalisch-chemischen Elemente, an denen ja das dynamische Gleichgewicht des Lebens in all seinen Formen hängt.

In einer planetarischen Betrachtungsweise gewinnt die kollektive Dimension zentrale Bedeutung, wobei es freilich nicht nur um die je einzelnen Gesellschaften geht, sondern aufgrund der Tatsache, dass alle Gemeinwesen miteinander zusammenhängen, um das Sozialsystem der Welt überhaupt. Partikulare und persönliche Moralauffassungen müssen sich öffnen für eine globale Ethik, die als Konsequenz die Bewahrung der gesamten Schöpfung und der gesamten Menschheit zu bewirken im Stande ist (soziales Prinzip).

Das Gute und Nützliche, soll es denn ethisch verantwortbar sein, muss Prioritäten kennen (Prinzip der Regel). Zuerst steht die Bewahrung des Planeten Erde, der Biosphäre und der Spezies *homo* an. Dann geht es um die Rettung der Armen und Unterdrückten, der Verrandeten und Ausgegrenzten. Sie sind die Wesen in der Schöpfung, die am meisten bedroht sind. Sie sterben vor der Zeit. Mit diesem Bemühen muss Hand in Hand gehen das Engagement für eine gerechte Gesellschaft; denn, dass diese Menschen vor der Zeit sterben, hat seine Ursache in sozialer und ökologischer Ungerechtigkeit. Des Weiteren verdienen alle im Untergehen befindlichen Kulturen unser besonderes Augenmerk, wie die uralten Kulturen von Ureinwohnern, bedrohten Ethnien und unterdrückten Völkern. Schließlich darf das globale Gleichgewicht des Systems Erde auf keinen Fall übersehen werden, denn es bietet die Grundlage dafür, dass jedes einzelne Wesen weiter existieren und leben kann.

Gleichwohl, damit die angedeuteten Prinzipien nicht reine Theorie bleiben, sondern zur konkreten Anwendung gelangen können, bedarf es einer echten gesellschaftlichen Revolution, die über die Ethik des sozialen Utilitarismus hinausgeht. Zunächst einmal bezieht sich die Revolution auf die Art der Beziehungen mit der Natur, weil diese unter den Bedingungen des herrschenden Produktionsmusters größten Schaden anrichten. Sodann geht es um die Frage, für was man die Ausgeschlossenen hält. Sie sind in Wirklichkeit das Ergebnis des Faktums, dass in massiver Form mit Spitzentechnologien operiert wird und dadurch Arbeitskräfte überflüssig werden. Gewinn hat Vorfahrt vor den sozialen Konsequenzen, das heißt vor strukturell angelegter Arbeitslosigkeit und sozialer Ausgrenzung. Und schließlich hat die Revolution auch eine Antwort zu geben auf die schwere soziale Krise: Da die Gesellschaft weltweit nach den Parametern der kapitalistischen Kultur strukturiert ist und da die Produktion konsequent auf Konkurrenz aufbaut und Kooperation klein geschrieben wird, konzentriert sich der erwirtschaftete Reichtum in Megakomplexen, wie sie die Geschichte nie zuvor gesehen hat, und schreien die infolgedessen ebenfalls produzierte – beinahe an Barbarei grenzende – Misere und Ausgrenzung zum Himmel. Doch wem nützt denn dieser Prozess überhaupt?

Die Vertreter des sozialen Utilitarismus rühren nicht einen Finger, um die jeder Ethik Hohn spottende Situation, in die sie die Menschheit gebracht haben, zu beheben. Ihr Pragmatismus führt dazu, dass die geltende diskriminierende Ordnung sakralisiert wird. Utilitarismus ist eine Ethik der Satten, die die Hungrigen kaum eines Blickes würdigt.

2. Ethik des kommunikativen Handelns und der Gerechtigkeit

Die ethisch-moralische Richtung, die es jetzt zu erörtern gilt, wurde erarbeitet in der Frankfurter Schule, die mit ihrer Kritischen Theorie sowohl die marxsche Tradition als auch die Ideale der Demokratie unschätzbar bereicherte. Walter Benjamin, Theodor W. Adorno, Max Horkheimer und insbesondere Jürgen Habermas unterzogen die Aufklärung, auch Moderne genannt, einschließlich ihrer universalistischen Freiheitsansprüche einer gewaltigen kritischen Neubewertung. Die Moderne artikuliert sich in zwei Grundströmungen, einer technischen und einer ethischen. Erstere, die technische, hat sich weithin durchgesetzt. Letzterer, der ethischen, wurde zunehmend das Wasser abgegraben, so dass sie schließlich nur noch ein Randdasein führte. Vor allem Jürgen Habermas (Jahrgang 1928) war es, der die geheime Seele der technischen Moderne angriff, die massive Nutzung der instrumental-analytischen Vernunft, die sich die Interessen des wissenschaftlich-technischen Projektes und der politischen Herrschaft über Klassen, Nationen und Völker zu ihrer Magd gemacht hatte.

a. Wiedergewinnung der ethischen Dimension der Moderne

Das Projekt der Moderne ist noch nicht fertig. Es kann und muss durch die In-Wert-Setzung seiner ethischen Dimension vervollständigt werden, konkret durch eine möglichst weit gehende Emanzipation und Verwirklichung von Bürgerrechten, von Demokratie, von Dialogkanälen und von kommunikativem Handeln. Eben das schlägt Jürgen Habermas mit seinen philosophischen und sozialkritischen Überlegungen vor.

Habermas wie auch ähnlich denkende Autoren verbinden zwei wichtige ethische Traditionen miteinander: die kantsche Tradition mit ihren Sollenssätzen und ihrem kategorischen Imperativ zum einen und die marxsche Tradition mit der Betonung von Emanzipation, sozialer Gerechtigkeit und umfassender Demokratie auf allen Ebenen (Sozialismus) zum anderen. Der Weg zu einer modernen, demokratischen Gesellschaft führt über die Ernsthaftigkeit, mit der ihre Bürger und Bürgerinnen permanent kommunikatives Handeln praktizieren und mittels generalisiertem Dialog und vernünftigem Diskurs immer wieder zum Konsens finden. So tritt in dieser Denkweise der Diskurs an die Stelle der klassischen Instanzen zur Begründung von Ethik, das heißt von Traditionen und Religionen, die ja heute nicht selten von einer Krise in die andere stürzen. Demnach sind moralische und rechtliche Normen Regeln zur Koordinierung subjektiver Freiheiten. Sie gründen auf der modernen Theorie des Gesellschaftsvertrags (Hobbes, Locke, Rosseau), die Kant mit seiner Vorstellung vom »Reich der Zwecke« philosophisch untermauert. Für Kant ist jeder Mensch ein Zweck an sich und darf niemals für irgendetwas anderes verzweckt werden. Die Autonomie des Menschen verleiht ihm eine unauslöschliche Würde. Gesetze haben sich dieser Würde unterzuordnen und Bedingungen dafür zu schaffen, dass sie Wirklichkeit und allen Menschen zuteil werden kann. Im Lichte dieser Postulate wollen die Imperative wie folgt in die Tat umgesetzt werden:

Bei Interessenskonflikten und bei der Verteilung von Aufgaben haben die Normen die Funktion von Regeln zur sachgerechten Lösung der Konflikte und zur Abstimmung der Freiheiten. Ziel dabei ist stets, gemeinsam zu einer Übereinkunft zu finden.

Gerechtigkeit ist immer Gerechtigkeit für alle. Dehalb haben auch die Normen gerecht zu sein und auf sozialen Konsens abzuzielen. So erhellt die zentrale und universale Bedeutung des Begriffs Gerechtigkeit. Die Adressaten, das heißt die Bürger und Bürgerinnen, haben den Normen zuzustimmen. Bleibt die Zustimmung aus, fehlt ihnen die verbindende Rechtmäßigkeit, auf Grund deren sie ja erst legal werden. Übereinkunft kommt aber nur dann zu Stande, wenn die Normen die berechtigten Interessen der Involvierten berücksichtigen, so dass alle ihnen zustimmen und ihre

Rechte in ihnen zum Ausdruck gebracht sehen. Normen sind erst dann gerecht, wenn sie allen zum Vorteil gereichen.

Die so skizzierte Ethik und Moral gründet auf dem Vertrauen auf die Vernunft und auf die Fähigkeit zu Argumentation und Überzeugung innerhalb ein und desselben Sprachraumes. Fragen des persönlichen Geschmacks und der subjektiven Wertschätzung, Fragen also, die sich auf Glücksvorstellungen beziehen, gelten wenn auch nicht als irrelevant, so doch als sekundär. Eines sozialen Konsenses darüber bedarf es nicht. Sie werden in die Koordinaten der existentiellen Lebenswelt des Einzelnen bzw. der Einzelnen verwiesen. Gleichwohl dürfen die Vorstellungen, wie jemand gut leben will, nicht zu Lasten des notwendigen Projektes von sozialer und ökologischer Gerechtigkeit gehen.

Dieses ethische Modell zeugt von einem bemerkenswerten Maß an *konstruktivistischem* Bemühen, das heißt an Bemühen, Perspektiven zusammenzubringen, Konsensmöglichkeiten zu finden sowie Richtlinien zur Koordinierung von Interessen und Regeln für das ethisch-soziale Zusammenspiel aufzustellen. Fragen nach einer Ethik des Naturgesetzes, in dessen Folge dann auch immer wieder anthropologische Probleme auftauchen, kommen jedoch wegen der metaphysischen Voraussetzungen, die sie implizieren und über die die Meinungen weiter auseinander gehen, als dass sie übereinstimmen, kaum in den Blick.

Im Gefolge der Diskursethik entwickelte sich in den siebziger Jahren eine Reihe ethisch-philosophischer Entwürfe, die sich ebenfalls in diesen kommunikativen, dialogischen und auf das Ideal sozialer Gerechtigkeit hinzielenden Horizont einschreiben – mit

Karl-Otto Apel in Deutschland, mit John Rawls und James M. Buchanan in den Vereinigten Staaten, mit A. Cortina in Spanien, mit Norberto Bobbio in Italien und mit O. Pegoraro und Manfredo Araújo de Oliveira in Brasilien. Wir können sie hier nicht alle im Einzelnen vorstellen; und sie zu diskutieren würde zu weit führen. Ihre ausgereiften Überlegungen bewegen sich im Rahmen der Ethik kommunikativen Handelns und der Überzeugungskraft der Frankfurter Schule mit ihrer Kritischen Theorie.

b. Anwendung der Prinzipien auf die Globalisierung

Auch die Schwerpunkte dieser Betrachtensweise wenden wir nun auf eine mögliche planetarische Ethik an, in der die drei eingangs unserer Studie genannten Probleme berücksichtigt werden.

Erste Priorität hat ein universaler Sozialpakt, der den Einsatz der bereits zur Verfügung stehenden Todesmaschine zur Vernichtung des Systems Erde ausschließt (Frage der Ökologie). An solch einem Pakt zur Rettung der bedrohten Erde führt kein Weg vorbei. Allerdings hat auch das von Habermas und seinen Gesinnungsgenossen konzipierte emanzipatorische Projekt seine Grenzen, die sich unmittelbar auf die ökologische Frage auswirken. Es ist anthropozentrisch verkürzt. Denn auch in diesem Entwurf kommt die Natur als Konstitutivum des weltumspannenden Sozialpaktes nicht vor, insofern sie, einschließlich aller anderen Wesen, immer noch nur als bloßes Objekt der Aktivität und des Diskurses des Menschen gilt. Es wird nicht berücksichtigt, dass alle diese Existenzen innere Werte darstellen, Träger von Rechten sind und mithin auch

Charakteristika von Subjektivität haben. Dagegen will die ökologisierte Betrachtensweise eine soziokosmische Demokratie, in der Natur, Tierwelt, Flora und alle anderen lebenden Organismen das Recht von Bürgern und Bürgerinnen haben und dadurch die Sphäre menschlichen Zusammenlebens erweitern. Nur wenn Natur so verstanden und Mensch und Gesellschaft zugesellt wird, ist an eine Rettung von Erde und Biosphäre zu denken.

Zweitens brauchen wir einen Prozess globalen Dialogs zwischen allen Völkern, zwischem dem Block des Nordens und dem des Südens, zwischen Erdteilen, Nationen und Ethnien, zwischen Religionen und Philosophien, in dem Sinn, dass alle Erdenbürger und -bürgerinnen ihr Lebensrecht als gesichert ansehen können. Im Prinzip erfüllt Habermas' Entwurf kommunikativen Handelns dieses Postulat. Nur bleibt er zu abstrakt. Was nämlich nicht in gebührender Weise berücksichtigt wird, sind die totgeschwiegenen Gesellschaften in der Welt. Und die bilden immerhin die Mehrheit! Damit auch sie ins Reich des offenen Dialogs zugelassen werden können, tun tief greifende Gesellschaftsrevolutionen Not. Diese jedoch würden die im Augenblick geltende Ordnung und die gegenwärtig noch herrschende repräsentative, delegative und damit verkürzte Demokratie sprengen. In Jürgen Habermas' Projekt passen die Millionen und Abermillionen Ausgeschlossenen kaum hinein. Sollen auch sie im Horizont einer minimal demokratischen Gesellschaft Platz finden, müssen sich die heute üblichen Formen des Zusammenlebens grundlegend ändern.

Drittens muss innerhalb des allgemeinen Prozesses von Hominisierung, Sozialisierung und Globalisierung jedem Volk das Recht auf Fortbestehen als Volk mit eigener Kultur und mit eigenen Idiosynkrasien gewährleistet sein. Alle Völker müssen sich am kommunikativen Geschehen, so wie es Tag für Tag stattfindet, beteiligen können. Nur so läßt sich Demokratie als universaler Wert schaffen und lebendig erhalten. Das habermas'sche Modell fußt auf der Erfahrung, mit der in Europa als Mittelpunkt des Ansatzes kommunikative Aktion entwickelt wird, in der die große Mehrheit der Menschheit als untere, breitere Basis aber ausgeblendet bleibt. Aber auch diese Menschen haben ein Recht darauf, ihre Existenz und ihre Ausdrucksformen garantiert zu sehen, gerade weil es noch nicht ausreichend gewährleistet ist.

An vierter Stelle stehen Mindestübereinkünfte an, was die Grundbedürfnisse wie Nahrung, Kleidung, Wohnung, Freizeit, Gesundheit, Arbeit und Austausch mit anderen Menschen angeht. Doch der Mensch ist nicht nur ein Wesen, das von materiellen Dingen lebt, sondern ein Wesen, das auch Spiritualität braucht. Dehalb muss in die Liste der Grundbedürfnisse auch die elementare Stillung des Hungers nach Schönheit und Transzendenz aufgenommen werden, weil diese die Tiefe des Menschseins charakterisieren. Wie aber lassen sich Minimalbedingungen dafür schaffen, dass die Menschen subsistieren (dass ihnen das Haben garantiert ist) und dem Leben Sinn geben können (dass ihnen das Sein garantiert ist), zumal wenn es um alle die geht, die vom Produktionsprozess ausgeschlossen sind? Hier bedarf es mehr als der puren Vernunft, auf die Habermas Stein und Bein vertraut. Hier kommt es auf die emotionale Intelligenz an, auf das Pathos zu Solidarität und Mit-leiden ebenso wie auf den spirituellen Sinn der Existenz. Diese Elemente müssten im Projekt der Frankfurter Schule (ausgenommen Walter Benjamin) besser verdeutlicht und thematisiert werden. Das soll weiter unten in unseren Überlegungen auch noch geschehen.

Dessen unbeschadet gilt aber, dass die ethisch-moralischen Forderungen, wie Jürgen Habermas sie in seinem Entwurf aufstellt, ihre Schwerpunktsetzung haben im Thema des Lebens in Gemeinschaft, der Freiheit, des umfassenden Dialogs aller mit allen, der Solidarität, der Achtung vor den Unterschieden und der Ermutigung zur zwischenmenschlichen Kommunikation der Bürger und Bürgerinnen miteinander. Auf dem Wege der praktizierter Kommunikation treten die Unterschiede hervor, und erschließt sich einem die Werthaftigkeit der Komplementaritäten.

Bei allen anthropozentrischen und im Grunde eurozentrischen Grenzen, über die Jürgen Habermas nicht hinauskommt, ist es gleichwohl sein Verdienst, die angedeuteten Fragen klar benannt und das Beste an der Tradition der Aufklärung mit ihrer emanzipatorisch-ethischen Strömung wieder zur Geltung gebracht zu haben. Wie andere Philosophen der Moderne geht aber auch er von der Voraussetzung aus, dass der Fortbestand des Planeten Erde und der Menschheit gesichert ist. Dagegen wissen wir heute, dass dem wahrlich nicht so ist; denn die Todesmaschinerie, wie instrumental-analytische Vernunft und Umweltzerstörung sie entwickelt haben, hat die Existenzbedingungen der Menschheit verändert. Eine kommunikativ rationalisierte Gesellschaft – und mag sie noch so dialogisch sein – ist allein mittels purer Vernunft außer Stande, der Menschheit einen Horizont von Hoffnung und Zutrauen zu eröffnen. Daneben müssen andere Betätigungsmöglichkeiten der Vernunft wieder zum Tragen kommen, so dass sich die Perspektive weitet und eine besser begründete Ethik möglich wird.

3. Ethik auf der Grundlage der Natur – welcher Natur?

Der klassische Autor, der die Ethik mit dem Naturgesetz begründet, ist – in der Spur des Aristoteles – Thomas von Aquin (1225–1274). Die katholische Moral, vor allem wie sie in den Verlautbarungen des päpstlichen Lehramtes vertreten wird, folgt im Wesentlichen dieser Auffassung.

Anders als die vorherige Argumentationslinie, die mit der Erarbeitung von Regeln zur Koordinierung subjektiver Freiheiten zwecks eines Sozialpaktes einsetzte, geht diese aus von anthropologischen Konstanten und menschlichen Neigungen, die unabhängig sind von Willen und Konsens der Einzelnen. Die Konstanten (einschließlich Willen und Freiheit) führen dazu, dass die Normen verpflichtend und universal sind. So stoßen sozialer Utilitarismus und Konstruktivismus, die ja auf dem Konsens der Teile gründen, im Naturgesetz an ihre Grenzen.

Die Ethik auf der Grundlage des Naturgesetzes möchte eine Basis finden für die gemeinsame Bezugnahme von Argumentationen, an denen sich – dank der Tatsache, dass ja alle Menschen Träger derselben menschlichen Natur sind – alle beteiligen können. Die gemeinsame Basis verleiht den Argumenten Objektivität, wirft die Frage auf nach der Wahrheit *der* Dinge und nicht nur nach dem Konsens *über* die Dinge und gestattet auch konkrete Inhalte der Moral zu diskutieren, die auf dem Naturgesetz beruhen, das seinerseits den verschiedensten kulturellen Ausdrucksformen zu Grunde liegt. Schließlich macht sie noch einen transkulturellen Diskurs möglich, weil sich dieser ja stets auf etwas bezieht, was im Rahmen historisch-gesellschaftlicher Unterschiede und Besonderheiten der menschlichen Natur gemeinsam und allerorten anzutreffen ist.

Wer von menschlicher Würde, Dialog, kommunikativem Handeln und Übereinkunft spricht, vertritt immer ein bestimmtes Verständnis vom Menschen. So aber stellt sich zwangsläufig die Frage: Von was für einer menschlichen Natur ist da die Rede? Und was für eine Logik steckt in dieser Natur?

a. Die doppelte Dimension des Menschen

Unter philosophischem und strikt vernunftmäßigem Gesichtspunkt scheint uns eine Reflexion über die menschliche Natur unverzichtbar zu sein. Für ein universales, planetarisches *Ethos* ist die Frage von grundlegender Bedeutung. So sehr der Mensch auch freie, autonome Subjektivität ist (der Natur also gegenüber steht), ist er als Sein-in-der Welt doch immer, zusammen mit den Anderen, auch in der Natur verwurzelt (ist also Teil der Natur). Phänomenologisch erweist er sich einerseits als Sein mit grenzenlosem Verlangen, woraus sein Charakter als nie endendes Projekt erwächst, dem die Fähigkeit zu Achtsamkeit und Verantwortung für sein und der anderen Leben wie für die Zukunft der Erde innewohnt. Andererseits kommt er in Grenzen zur Welt und lebt unter Verhältnissen, die er sich nicht ausgesucht hat, wie Veranlagung seitens der (strengen oder milden) Eltern, Geschlecht, Hautfarbe, Geburtsort, Kultur seiner Herkunft, die eher gewandte oder langsame Art und die Erblast, die ihn einen gesunden bzw. körperlich oder geistig behinderten Menschen sein lässt. Der Mensch interagiert mit diesen Fakten. Er unterwirft sich ihnen nicht fatal, sondern ringt mit ihnen und gibt ihnen eine persönliche und gesellschaftliche Gestalt. Die existentiellen Gegebenheiten bedingen und überkommen die menschliche Freiheit, ohne jedoch ihre Spontaneität und Kreativität lahm zu legen. Das Gerechte, Korrekte, Nützliche und Gute erwachsen aus dem interaktiven Dialog zwischen Bedingung und Freiheit, zwischen dem Menschen als Teil der Natur und dem Menschen als Gegenüber zur Natur.

Es wäre unverantwortlich, die Dialektik aufzugeben, und gefährlich, sich an die Moral der Konsequenzen und der Verhältnismäßigkeiten zu halten, wenn es um Dinge geht wie Gesundheit, Qualität von Nahrung und Medikamenten und um umweltbezogene Ökologie. Wissenschaftlich-technische Methoden lassen sich nicht einfach auf die Natur anwenden. Man darf weder Nahrungs- noch Heilmittel einführen, deren Wirkungen nicht vorher untersucht worden sind (vgl. Genveränderung). Ebenso verantwortungslos wäre es, chemische Verbindungen in Luft, Erdboden, Wasser oder städtische Siedlungsgebiete zu jagen, um herauszufinden, ob die Folgen für Biosphäre und Menschheit gut oder schlecht sind.

In derlei grundlegenden Bereichen können wir uns nicht in die Abhängigkeit von einem wie auch immer gearteten Konsens begeben, über den irgendwelche Leute zuvor verhandelt und sich mit irgendwelchen Dritten geeinigt haben (das gilt besonders für Fachleute in ihren Laboratorien, die an Genen manipulieren, und für Unternehmer, die sie finanzieren, um daraus dann gewaltige Gewinne zu ziehen). Nein, Ausgangspunkt jeder Konsensbildung hat das Ja zu den objektiven Faktoren der Ökosphäre und der menschlichen Natur in Interaktion mit dieser zu sein. Selbst in Bereichen, in denen das Naturgegebene nicht unmittelbar auf der Hand liegt, wie etwa in der Erziehung, müssen die objektiven Faktoren, die sich aus den natürlichen Prozessen ergeben, berücksichtigt werden. So kann man zum Beispiel die Erziehung nicht mit einem willkürlichen Projekt in Verbindung bringen, sondern immer ist auszugehen von Erkenntnissen der Medizin, der Entwicklungswissenschaften, der Tiefenpsychologie, der Soziologie und der Pädagogik und direkt der Wachstums- und Reifungsprozesse, denen der Mensch objektiv unterliegt.

Die ethische Argumentation, die sich auf die Natur oder auf die Erfordernisse der menschlichen Natur beruft, will diese Daten zur Geltung bringen. Sie will der Überzeugung Raum geben, dass die Autonomie der Subjekte zu berücksichtigen hat, was den objektiven Bedingungen der menschlichen Natur entspricht und zuträglich ist und was sich mit ihnen in Einklang bringen lässt. Dies wäre dann ethisch. Eine derartige Argumentation unterstreicht die Tatsache, dass das Glück des menschlichen Lebens nicht willkürlich zu haben ist, unabhängig von den Bedingungen, die das Leben selbst setzt. Menschliches Leben, insofern es menschlich (und weder Stein noch Pflanze noch Amöbe, sondern eben menschliches Leben) ist, verweist auf Sinn- und Wertoptionen, die das *bene vivere*, das *gut Leben* ausmachen und die das Wohl des menschlichen Hauses ermöglichen, das heißt auf ethische Optionen. So gesehen kann niemand Heraklit widersprechen, wenn er sagt: »Das *Ethos* ist der Dämon (will sagen: der schützende Geist) des Menschen«.

b. Verzerrungen im Verständnis von Natur

Das Naturverständnis, das wir gerade dargestellt haben, ist zu unterscheiden von einem anderen – fiktiven und metaphysischen – Naturbegriff, der in der katholischen Moral neuscholastischer und sich offiziell gebender Prägung den Ton angibt. Demnach wäre die menschliche Natur eine feste, unveränderliche Größe und eine Widerspiegelung der unverletzlichen Ordnung der Schöpfung. Die Vernunft hätte dabei die rein rezeptive Funktion eines Organs, das die von der Natur bereits vorgegebenen Daten einfach abzulesen hätte.

Eine Metaphysik dieser Art übersieht einen dem Menschen von der Natur her gegebenen wesentlichen Zug: seinen interaktiven Charakter, seine Fähigkeit zum Dialog und zum Eingreifen in die Prozesse der Natur sowie seine Geschichtlichkeit. Auf Grund ihrer Rigidität hat sie keine ausreichende Wertschätzung sowohl für die relative Autonomie des Menschen als auch für seine Kreativität, mögen beide der Moderne auch ausgesprochen wichtig sein. Ebenso wenig lässt sie sich auf die guten Gründe für eine Ethik des unerlässlichen Dialogs und für eine Ethik der notwendigen Gerechtigkeit für alle ein, auf die die Frankfurter Schule ja mit Fug und Recht hinweist. Schließlich macht sie mit ihrer Starre jeden Beitrag der katholischen Kirche zur gegenwärtige Diskussion über zahlreiche brennende Themen zunichte, wie Körper, Lust, Weltbevölkerung, Genmanipulation und anderes mehr.

Auf Distanz gehen wir auch zu dem dürftigen Verständnis, wie es die aufgeklärte Moderne vertritt. Dem zufolge wäre die Natur eine reine *res extensa* (Ausdehnung = Materie), wie René Descarte es in seiner »Abhandlung über die Methode des richtigen Vernunftgebrauchs und der wissenschaftlichen Forschung« will: »Unter Natur verstehe ich weder eine Göttin noch irgendeine andere Art von imaginärer Macht. Ich bediene mich dieses Wortes, um damit die Materie zu bezeichnen«.

c. Gegebenes und Gemachtes in der Natur

Einmal abgesehen von der besagten Verkürzung gemessen an der ursprünglichen Einschätzung, sollten dennoch die beiden folgenden sich dialektisch zueinander verhaltenden Dimensionen, die der Rückgriff auf das Naturgesetz ebenso wie die menschliche Natur selbst beinhalten, festgehalten werden, wenn es um die eventuelle Begründung eines Welt*ethos* geht:

Einerseits kann man sagen, die menschliche Natur sei unter bestimmten Aspekten etwas singulär Gegebenes, immer noch Offenes, insofern es sich im Verbund mit den anderen Wesen im Laufe des Evolutionsprozesses über Millionen von Jahren hin herausgebildet hat und noch immer nicht fertig ist. In diesem Sinn ist Natur immer Naturgeschichte (Evolution). Aufgrund seiner gegebenen und noch im Werden befindlichen Natur können wir den Menschen, so wie es auch die Ethologen tun, unterscheiden von Tieren, Pflanzen und Amöben. Ungeachtet der unantastbaren Einheit des Lebens in seinen vielfältigen Erscheinungsformen ist der Mensch eine Spezies mit eigenen Konstanten, die ihn in Sprache, Freiheit, Verantwortung, Kreativität, Zuneigung, Achtsamkeit und in der Dimension der Offenheit zum Anderen, zur Welt und zum Ganzen dennoch eine charakteristische Verhaltensweise an den Tag legen lassen. Dramatisch gestaltet sich sein Sosein noch durch die Dimension des *demens* und des Dia-bolischen, die seine Dimension des *sapiens* und des Sym-bolischen ja nie allein daherkommen lässt und die oben angeklungenen Werte dadurch ein gut Stück durcheinanderbringt.

Andererseits ist die menschliche Natur insofern Geschichte, als sie auch das Werk menschlicher Freiheit ist. Denn diese gibt ihr ihre Gestalt, verleiht ihr geschichtliche Ausprägung und hält sie offen für zukünftige Konkretionen. Der geschichtsbezogene Charakter verwehrt es jeder Anthropologie, den Menschen in seiner ganzen Dichte zu begreifen. Zu begreifen ist er immer nur innerhalb geschichtlicher Grenzen. Aus diesem Grund muss die Frage, was der Mensch, sein Wesen und seine Natur sei, immer wieder neu gestellt und vertieft werden. Es ist nicht damit getan, zu wissen, was gegeben ist. Festzuhalten ist auch, wie das Gegebene gemacht, verändert, verstanden, uminterpretiert und projiziert wird. Schließlich müssen wir auch das Virtuelle, Potentielle und Utopische als zur menschlichen Natur gehörend betrachten und uns dafür einsetzen, dass es nicht ein für alle Mal gegeben ist und als abgeschlossen angesehen wird. Die Natur hat die Merkmale eines offenen Systems.

Im Blick auf den Menschen heißt das: Der Mensch ist ein Wesen, das nun mal da ist, Ergebnis eines langen Evolutionsprozesses, gegebene Größe mit konkreten Charakteristika. Aber fertig ist er noch nicht, ja, er will erst noch geboren werden. Der Mensch ist kein mittel- oder langfristiges Projekt. Er ist ein der Tendenz nach unendliches Projekt. So spürt er, dass er über sich selbst hinaus und sich selbst übersteigen muss. Nur so wird er zu einem radikal menschlichen Menschen.

In einem Wort gesagt: Der Mensch ist ein Sein mit unendlichen Beziehungen, gemeinsam mit anderen in derselben Welt und im selben Kosmos. Er ist ein *Eins in sich*, aber ein *Eins in sich* auf spezifische Weise; denn er realisiert sich nur als solches in dem Maße, in dem er *für die anderen* ist, aus sich heraus tritt und Beziehung sucht zu den anderen. Der Mensch ist ein bezogenes *Eins in sich*.

Weder seine Neigungen noch seine Leidenschaften bzw. weder sein Wunschkapital noch sein komplexes Impulsuniversum zeigen ihm irgendeine konkrete Norm, was er zu tun habe. Was sie signalisieren, ist ein Vorhaben, eine Richtung oder ein Weg, wohin sie kanalisiert werden wollen. Hier nun melden sich Freiheit und ethische Verantwortung des Menschen. Vernunft und Fähigkeit zur Selbstbestimmung sind Kräfte der Natur, welche die Natur zu einer reflektierten Geschichte machen, an der aber Merkmale wie Emotion, Wille und Selbstbestimmung nicht zu übersehen sind.

d. Anwendung des Naturethos auf die Globalisierung

Jetzt also die Anwendung dieses Verständnisses von menschlicher Natur auf das planetarische *Ethos*. Wir haben ein gemeinsames Merkmal: Wir alle sind menschliche Wesen, die untereinander in Verbindung stehen, auf demselben System Erde leben und aus dem gewaltigen kosmogenetischen Prozess hervorgegangen sind. Dies alles muss weiter bestehen, soll es sich denn weiter reproduzieren können, wie es seit Millionen und Abermillionen von Jahren aus der Vergangenheit hervorgegangen ist. Mehr noch: Es macht erforderlich, dass die Bedingungen erhalten bleiben, damit es sich entwickeln kann, wie es sich seit immer entwickelt hat.

Mit dem Auftauchen des Menschen in der Geschichte trat jemand auf den Plan, der die Fähigkeit hat, bei der Steuerung der Natur mitzuwirken. Der Mensch ist im Stande, die in der Natur verborgenen Möglichkeiten herauszuarbeiten und ihren Entwicklungsprozess zu beschleunigen. Er kann neue Möglichkeiten schaffen und eine Welt aus zweiter und dritter Hand gestalten. Umgekehrt kann er die Prozesse der Natur aber auch bremsen und sich sogar gegen sie stellen.

Der Rückgriff auf die Natur gestattet einen vernünftigen Diskurs, der für jedermann und für jede Frau zu verstehen ist. In ihm steckt etwas, was allen gemeinsam ist; denn wir sind ja alle Menschen. Aber er hat auch etwas je Spezifisches; denn wir sind Menschen auf je besondere Weise, als Chinesen oder Inder, als Azteken oder Italiener, als Samen oder als Brasilianer. Doch der Unterschied zerstört nicht das Gemeinsame.

Er zeigt nur die Fruchtbarkeit der gemeinsamen Substanz, zu der es aber nur in dem Maße kommt, in dem sie sich in unterschiedlichen Formen realisiert. Doch ihr Realisierungsmodus ist nicht nur verschieden, sondern auch begrenzt und somit offen nach allen Seiten (in Richtung auf andere Realisierungen) sowie offen auf Zukunft hin (in Richtung auf potentielle Realisierungen).

Im veränderten Koordinatennetz des weltweiten Bewußtseins müssen wir nun die beiden Pole zueinanderbringen: Zum Einen haben wir etwas Gemeinsames, das es zu erhalten und mittels dessen es zu Konvergenzen zu finden gilt; und zum Anderen haben wir etwas je Eigenes, das respektiert werden will. Gemeint sind damit die unterschiedlichen Formen, das geschichtlich zu konkretisieren, was wir gemeinsam haben, was dann die verschiedenen Kulturen und spirituellen Traditionen auf den Plan ruft. Die beiden Kräfte sind verschieden und komplementär, komplex und konvergent, in dem Sinn, dass sie auf den Geheimnischarakter des menschlichen Abenteuers im Laufe der Geschichte von Erde und Kosmos hindeuten.

Wie kann uns diese Art von Argumentation bei der Lösung der drei Probleme helfen, vor denen wir weltweit stehen?

Hinsichtlich der sozialen Frage, das heißt der Ausgeschlossenen: Weder kennt die Natur Ausgeschlossene, noch häuft sie Ausschuss an. Sie nimmt alles in sich auf und verwertet alles wieder. Alle Elemente hängen voneinander ab, gehen solidarisch miteinander um und üben ihre Aufgabe aus zum Nutzen des Ganzen, wie wir im Laufe unserer Untersuchungen mehr als ein Mal festgestellt haben.

Die Tatsache, dass das gegenwärtig herrschende Weltsystem praktisch zwei Drittel der Menschheit ausgrenzt, klagt es seines widernatürlichen Charakters an. Völlig unmöglich also, dass es Zukunft hat, denn es widerspricht frontal der grundlegenden Logik des Weltalls, die in universaler Zusammengehörigkeit und kosmischer Solidarität besteht.

In Bezug auf die Opfer struktureller Arbeitslosigkeit: Nichts, was die Natur erarbeitet, schafft sie linear; alles, was sie an Seinsordnungen hervorbringt, gestaltet sie in komplexer Weise. Das Weltall expandiert, indem es sich selbst schafft. Die Abschaffung der Lohnarbeit schafft nicht die Arbeit ab. Sondern sie befreit sie dazu, dass der Mensch sie als Chance begreift, sich seine Umwelt und seine Geschichte zu schaffen und sie zu gestalten. Die Herausforderung, vor der wir heute stehen, lautet: Wie lassen sich die Weltgesellschaft und die Populationen, die keine menschliche Arbeit haben, politisch so organisieren, dass intelligente Maschinen den Menschen die Arbeit zwar abnehmen, dass die so erzielten Gewinne aber relativ gerecht unter alle verteilt werden? Die Natur arbeitet mit einem ähnlichen dynamischen Ausgleichmechanismus. Niemand hat zu viel, niemand hat zu wenig. Alle haben Teil an der Ökonomie des für alle Ausreichenden.

Zur ökologischen Frage: An was könnten wir uns besser halten als an die komplexe Logik der Natur, wollen wir denn, dass alle Wesen Platz und alle Ökosysteme mit ihren entsprechenden Vertretern und Vertreterinnen die Chance haben weiterzubestehen? Die weltweite ökologische Krise hat ihre Ursache im Auseinanderbrechen des Bündnisses von Synergie und Wesensverwandschaft zwischen Mensch und Natur. Wer den Planeten retten will, muss sich auf das einlassen, was dieser als Bitte in die Welt schreit: Alles, was anders ist und uns als Gegenüber entgegentritt, will Respekt und Ehrfurcht; die Entwicklung des Menschen darf nicht im Gegenverkehr zur Natur verlaufen, sondern hat in Synergie mit ihr zu geschehen; die unantastbare Integrität alles Geschaffenen muss in dynamischer, aber den Zusammenhang wahrender Weise Bestand haben.

4. Ethik auf der Grundlage religiöser Überlieferungen

In der Diskussion über ein mögliches Welt*ethos* darf natürlich der Beitrag von Hans Küng (Jahrgang 1928) nicht unerwähnt bleiben. Der Schweizer Theologe ist der herausragendste Vordenker, wenn es um die Dringlichkeit eines ethischen Mindestkonsenses als Basis für eine Weltgesellschaft geht. Sein Motto: »Weltethos für Weltpolitik und Weltwirtschaft«.[2]

a. Religiöser Friede – Grundlage für politischen Frieden

Heute herrscht weithin Übereinstimmung darüber, dass ohne einen Mindeststandard an Grundkonsenslinien über bestimmte Werte, Normen und Haltungen kein menschliches Zusammenleben in Gesellschaft, ganz zu schweigen von der sich abzeichnenden Weltge-

[2] H. Küng, Weltethos für Weltpolitik und Weltwirtschaft, München–Zürich 1997, [3] 1998; vgl. auch ders.: Projekt Weltethos, München–Zürich 1990.

sellschaft, zu haben ist. Doch es geht nicht einfach um ein Mindest*ethos*, es geht um einen Minimalkonsens über ein Mindest*ethos*, der überall anerkannt wird. Nur, wie kommen wir zu diesem Konsens? Und wie gelangen wir zu diesem Mindest*ethos*?

Küng beginnt damit, die üblichen, oben bereits vorgestellten Modelle ethischer Universalisierung zu kritisieren. Sie seien zu abstrakt, als dass sie zu der erforderlichen Minimalübereinstimmung führen könnten. Diese müsse universal gangbar und effektiv und für alle Menschen, so verschieden ihre Kulturen auch sein mögen, verbindlich sein. Im Vertrauen auf die Möglichkeiten der Vernunft hätten die Protagonisten der genannten Modelle eilfertig die religiösen Überlieferungen vom Tisch gewischt, auch wenn diese de facto die ethischen Verhaltensmodelle des größten Teils der Menschheit bestimmten. Dabei steckten in diesen Traditionen ungeahnte Möglichkeiten, wenn auch nicht für einen hundertprozentigen Konsens, so doch für einen Mindestkonsens unter den Menschen. Und darum gehe es.

Hans Küng betont: Keine neue Weltordnung ohne Welt*ethos*. Doch realistisch, wie er ist, meint er: Keine Weltordnung ohne Frieden unter den Völkern, kein Friede unter den Völkern ohne Frieden unter den Religionen und kein Friede unter den Religionen ohne Dialog unter ihnen. Kommt es aber zum Dialog, lässt sich an religiösen Frieden denken, als Fundament für politischen Frieden. Zu politischem Frieden gelangen wir nur auf dem Weg eines allgemein akzeptierten *Ethos*, das auf den religiösen Traditionen der Menschheit fußt. Dieses *Ethos* »ist das notwendige Minimum gemeinsamer humaner Werte, Maßstäbe und Grundhaltungen. Oder noch genauer: Das Weltethos ist der Grundkonsens bezüglich verbindlicher Werte, unwiderruflicher Maßstäbe und Grundhaltungen, die von allen Religionen trotz ihrer dogmatischen Differenzen bejaht, ja auch von Nichtgläubigen mitgetragen werden können«.[3]

Hinter allen Unterschieden der Religionen steht doch immer der Mensch und bezeugt, dass überall ein und dasselbe Grund*ethos* gilt. Zunehmend wächst im Menschen das kollektive Bewusstsein, dass er nur diesen Planeten hat zum Leben und dass er Verantwortung trägt für das gemeinsame Schicksal. Will er das gemeinsame Überleben gesichert sehen, bedarf es der Übereinstimmung über Werte und unaufgebbare Haltungen. Anderenfalls ist nicht auszuschließen, dass wir alle miteinander umkommen.

b. Mindestkonsens über ein Weltethos

So wie die Dinge liegen, führt kein Weg an einem Welt*ethos* vorbei. Auf zwei elementaren ethischen Werten ruht das Ganze: auf konkreter Wahrheit und auf unerlässlicher Gerechtigkeit.

Einmal abgesehen von allen philosophischen Theorien über Wahrheit, heißt konkrete Wahrheit im Grunde nichts anderes als: »Hört auf, uns zu belügen und hinters Licht zu führen über unsere gesellschaftliche und wirtschaftliche Lage, über die wirklichen Ursachen unserer Armut und unserer sozialen Verrandung, über den vorzeitigen Tod unserer Kinder, über das Ver-

[3] H. Küng, Weltethos, 132.

schwinden unserer Lieben, über die Gefahr, in der wir alle schweben!«

Und Gerechtigkeit, soll sie denn jenseits aller akademisch gescheiten Formulierungen unabweisbar sein, fordert: »Es reicht mit Gefängnis und Folter für politische Gefangene, mit Privilegien im nationalen und weltweiten Finanzsystem, mit der Ausbeutung durch Kinderarbeit, mit sexuellem Missbrauch Minderjähriger, mit Massakern an Straßenkindern, mit ethnischen Reinigungen ganzer Regionen!« Über diese Art von Wahrheit und Gerechtigkeit kann niemand diskutieren. Über die Werte, die da zertreten werden, kann weltweit nur Einmütigkeit herrschen, können nur konzertierte Aktionen in Gang gesetzt werden.

Formalisiert man die Mindestübereinstimmung, verdichtet sie sich auf Recht auf Leben, auf unverletzliche Achtung vor Unschuldigen, auf gerechte Behandlung von Gefangenen und auf physische und psychische Integrität aller Menschen. Ohne diese gemeinsame Mindestbasis ist Zusammenleben an keiner Stelle des Planeten möglich.

Konkret ist es so, dass die Völker in der Religion das Mittel fanden, den universalen, unbedingten Charakter dieser Mindestübereinstimmung zur Geltung zu bringen und zu garantieren. Religion ist eine viel bessere Begründung für Unverzichtbarkeit und Unausweichlichkeit ethischer Normen als abstrakte Vernunft und rationaler Diskurs, die kaum jemanden überzeugen und die nur für jene wenigen Ausschnitte der Gesellschaft verständlich sind, denen theoretische Vermittlungen zu deren Verständnis offen stehen. Da die Religion die am weitesten verbreitete Weltanschauung und, *in concreto*, für die allermeisten Menschen auch der gemeinsame Weg ist, ist sie am universalsten und am verständlichsten. Religion lebt aus dem Unbedingten und will es bezeugen als Tiefendimension des Menschen. Allein Unbedingtes kann unbedingt verpflichten. Wer bei Analysen welcher Wirklichkeit auch immer von der religiösen Dimension der Dinge absieht, bringt nur eine unzulängliche Analyse zu Stande, verkürzt die Wirklichkeit und untergräbt das Fundament für eine universale ethische Haltung. Allein rationalistisch überhebliche Kreise der Weltgesellschaft rümpfen die Nase über diese Art von Argumentation, sei es weil sie den Zugang zur Erfahrung des Heiligen und des Sakralen verloren haben, sei es weil ihnen die lebendige Fühlung mit dem konkreten Leben ihrer eigenen Völker abhanden gekommen ist.

Doch nicht wenige Politologen werden sich inzwischen der entscheidenden Bedeutung der Religion für globale Politikentwürfe bewusst. So schreibt P. Huntington: »In der modernen Welt ist die Religion eine zentrale, vielleicht die zentrale Kraft, die Menschen motiviert und mobilisiert . . . Was letztlich zählt für Menschen, ist nicht politische Ideologie oder ökonomisches Interesse. Glaubensüberzeugungen (*faith*) und Familie, Blut und Glaubenslehre (*belief*) sind das, womit sich Menschen identifizieren und wofür sie kämpfen und sterben«.[4]

Kernstück dieser universalen Ethik ist die *humanitas*, das heißt die Pflicht, jedermann und jede Frau menschlich zu behandeln, unabhängig von ihrer Befindlichkeit, was Klasse, Religion oder Alter angeht.

[4] Zitiert nach H. Küng, Weltethos, 162.

Die historischen Religionen haben ihr Zentralanliegen in die goldene Regel gekleidet: »Tu den Anderen, was du willst, dass sie dir tun!« – oder in der negativen Wendung: »Tu niemandem, was du nicht willst, dass man dir tut!«

Darüber hinaus lehren die Religionen: »Du sollst nicht töten!« In moderne Sprache übersetzt, lautet das Gebot: »Verehre das Leben! Entwickle eine Kultur der Gewaltfreiheit und der Ehrfurcht vor jedem Leben!« Des Weiteren lehren sie: »Du sollst nicht stehlen!« In der Diktion von heute könnte man sagen: »Handle stets gerecht und korrekt! Pflege eine Kultur der Solidarität! Setz dich für eine gerechte Wirtschaftsordnung ein!« Das Gebot »Du sollst nicht lügen!« könnte heute lauten: »Rede und handle stets wahrhaftig! Verpflichte dich zu einer Kultur der Toleranz und zu einem Leben in Wahrheit!« Schließlich hieß es: »Du sollst nicht die Ehe brechen!« Heute würde man vielleicht sagen: »Liebt euch und achtet euch gegenseitig! Lasst euch von einer Kultur der Gleichheit und der Partnerschaft zwischen Mann und Frau in die Pflicht nehmen!«

Eine einheitliche Weltgesellschaft (Geogesellschaft) braucht ein einheitliches Grund*ethos*. Anderenfalls ist die gemeinsame Zukunft alles andere als sicher. Diesmal ist die Gefahr total, dann muss aber auch die Rettung total sein. Eine Hintertür gibt es nicht; vermeintlich Privilegierte würden auf Sonderrettung vergebens warten. Entweder retten wir uns durch Verinnerlichung einer Weltethik alle, oder wir lernen allesamt den Abgrund jener großen Verwüstungen kennen, in den in früheren Zeiten schon Millionen von Arten gestürzt sind.

Hans Küngs Beitrag ist unschätzbar. Unter den Vorschlägen, die Weltgeltung beanspruchen, ist er einer der gescheitesten und gangbarsten.

Kein Zweifel: Küngs Ethik schafft eine Atmosphäre, in der sich die drei globalen Probleme, das heißt die drei fundamentalen Herausforderungen für einen Mindestkonsens in der Tat erörtern lassen: die soziale und die ökologische Frage sowie die Frage der Arbeit. Sein Entwurf schafft die Einfühlung dafür, dass ins Zentrum der menschlichen Bemühungen diese Fragen gehören und nicht – wie es heute in der ökonomisch-finanziellen Globalisierung gehandhabt wird – Wirtschaft, Zinssätze, Inflationsraten, Indizes des ökonomischen Wachstums und Schwankungen an der Börse.

5. Ethik nach Maßgabe des Armen und Ausgeschlossenen

Die Situation der Verarmung und des Ausgeschlossenwerdens, in der weite Teile der Menschheit leben, sowie die geschichtlichen Schwierigkeiten, überhaupt noch Mit-leiden und Solidarität zu wecken, haben das Reflexionsvermögen vieler denkender Menschen sowohl am Rande der großen städtischen Zentren als auch an der Peripherie der herrschenden Systeme herausgefordert. Denn was objektiv nur Antirealität genannt werden kann, lässt in ihnen Empörung, ja heiligen Zorn aufsteigen. Angesichts darbender Massen, vor Verzweiflung trüber Blicke und vor Hunger gewundener Körper kann der Mensch nicht anders reagieren, als mindestens zu sagen: »Das kann doch nicht wahr sein! Das muss aber anders werden!« Aus diesem Gefühl im Bauch entsteht dann der politische Wille nach einem Prozess der Befreiung – ethisch eine absolut zwingende Sache.

Das Kommunistische Manifest aus dem Jahre 1848 und die Theologie der Befreiung in der sogenannten Dritten Welt bilden ethische Marksteine erster Güte, die der Protest gegen das Elend und die Solidarität mit all den Elendleidenden aufgerichtet haben. Innerhalb dieser prophetischen Tradition sticht ein Name hervor, der für eine konsequente ethische Produktion ebenso wie für die Fähigkeit zum Dialog auch mit anderen Vorstellungen steht: der argentinische Theologe und Philosoph Enrique Dussel (Jahrgang 1934), der allerdings seit Jahren in Mexiko lebt.[5]

a. Oberstes Prinzip: »Befreie den Armen!«

Was Dussels Arbeit auszeichnet, ist eine rigorose Dekonstruktion der geltenden ethischen Diskurse. In ihrer großen Mehrzahl, so der Befreiungsphilosoph, sind sich die Protagonisten der verschiedenen Ethikentwürfe nicht des sozialen Ortes bewusst, von dem her sie denken und ans Werk gehen: dass sie innerhalb der herrschenden Systeme stehen und von den Zentralstellen der Macht her die Welt betrachten. Dass es im Weltmaßstab auch eine Peripherie gibt und sozialen Ausschluss – beides Erzeugnisse der in sich geschlossenen Systeme, weil sie außer Stande sind, alle zu integrieren, und mithin ständig Opfer produzieren . . . all das kommt ihnen praktisch nicht in den Sinn. Wie können sie dann aber für ihre Entwürfe universale Geltung beanspruchen, wo sie die Armen und Ausge-

[5] Vgl. A. Peter, Enrique Dussel. Offenbarung Gottes im Anderen, Mainz 1997.

schlossenen, die ja den größten Teil der Menschheit ausmachen, doch draußen vor lassen? Die Autoren unterlassen es, sich über das historisch-gesellschaftliche System, in dem sie zu Hause sind, und über die Art der Rationalität, der sie folgen, im Vorhinein ein ethisches Urteil zu bilden. Sie tun so, als seien die Verhältnisse, in denen sie leben, die selbstverständlichste Sache der Welt, die niemand zu hinterfragen braucht. Die Kritik, die sie anmelden, ist weder hinreichend kritisch noch ausreichend radikal.

In diesem Sinn haben die Marginalisierten und mehr noch die völlig Ausgegrenzten ein epistemologisches Privileg. Gemessen an ihren Bedürfnissen lassen sich alle bestehenden Machtsysteme ethisch-kritisch einschätzen. Wer hörte nicht das Schreien des Ausgeschlossenen? Mit seinem Schreien prangert er das gesellschaftlich-ethische System an: Es ist falsch und ungerecht und muss geändert werden! In der Regel halten sich etablierte Systeme für naturgegeben und für die alleinigen Werte, die allen Menschen in aller Welt vermittelt werden müssen. Diese Beobachtung gilt im Augenblick für einige philosophische Strömungen in den Ländern des Zentrums, für den politischen Monotheismus des Neoliberalismus und für den Fundamentalismus des Marktes. Einige Ideologen sehen in beiden Letzteren Ende und Höhepunkt der Geschichte.

Wie kommen wir dann aber zu einem ethischen Diskurs mit universaler Gültigkeit, in dem diesmal wirklich unterschiedslos alle Berücksichtigung finden? Dussel stellt nachdrücklich heraus: Wir kommen nur dann zu Universalität, wenn wir von einer Partialität ausgehen, das heißt von den Letzten, von den Vor-die-Tür-Gesetzten, von denen, denen die Existenz streitig gemacht wird. Sobald wir von diesem größeren Teil ausgehen, können wir uns auch für alle anderen öffnen, weil wir jetzt die Dringlichkeit der notwendigen Veränderungen spüren, so dass die bisher Ausgeschlossenen mit hineingenommen werden können und Universalität möglich wird. Lassen wir sie aber weiter außen vor, werden wir immer nur selektive, verschleiernde ethische Diskurse haben, die nicht universalisierbar sind und abstrakt bleiben.[6]

Ethik hat also vom Anderen auszugehen, aber nicht vom Anderen schlechthin, sondern vom ganz anderen Anderen, das heißt vom Armen und Ausgeschlossenen, vom Schwarzen und Ureinwohner, von der unterdrückten Frau und vom diskriminierten Opfer der verschiedensten Vorurteile. Der Arme, so verstanden, stellt mehr dar als eine ökonomische Kategorie, er bildet eine anthropologische Größe. Der Arme hat ein Gesicht. Sein Gesicht gibt ihn als ein unaustauschbares, provozierendes Wesen zu erkennen. Er ruft: »Helft mir!« Er streckt die Hand aus und bettelt: »Ich habe Hunger. Gib mir zu essen!« Sich auf die Stimme des Anderen einlassen heißt ethisches Bewusstsein, heißt Gewissen an den Tag legen. So »besteht das Gewissen nicht so sehr darin, die Prinzipien auf einen konkreten Fall anzuwenden, sondern darin, zu hören, auf die Stimme zu horchen, die von außerhalb her, von jenseits des Horizontes des Systems, eine Forderung an mich stellt: der Arme, der aufgrund seines absoluten und heiligen Rechts als Person nach Gerechtigkeit schreit. Ein ethisches Bewusstsein/Gewissen . . . zu

[6] Vgl. E. Dussel, Ética de la liberación en la edad de la globalización y exclusión, Madrid 1998.

haben bedeutet, sich dem Anderen zu ›öffnen‹ und ihn ernst zu nehmen, es heißt Ver-Antwortung für den Anderen angesichts des Systems«.[7]

Das höchste und absolute Prinzip der Ethik lautet: »Befreie den Armen!«[8] Das Prinzip ist absolut, weil es jeden Menschen mit seinem Tun allerorten und zu allen Zeiten in die Pflicht nimmt. »Befreie den Armen!« beinhaltet, dass (a) der soziale Gesamtzusammenhang, dass das System an den Pranger gehört, weil es den Armen erst produziert und dann ausgrenzt, dass (b) ein Unterdrücker den Armen und Vor-die-Tür-Gesetzten erzeugt, dass (c) der Arme auf ungerechte Weise arm gemacht wird und damit als Verarmter zu bezeichnen ist, dass (d) die Mechanismen, die die Verarmung reproduzieren, zu berücksichtigen sind, dass (e) die ethische Pflicht besteht, die ursächlichen Mechanismen abzustellen, dass (f) dringend nach einem Ausweg aus dem System der Ausgrenzung zu suchen ist und dass (f) schließlich niemand daran vorbei kommt, ein neues System zu entwickeln, in dem Partizipation, Gerechtigkeit und Solidarität zumindest tendenziell allen zugänglich sind.

b. Universalität vermittels Partialität

Dussels ethisches Konzept geht von den Armen aus, zielt aber nicht allein auf die Armen ab. Es ist für alle. Denn wer wird, Auge in Auge mit dem Verarmten, fühllos bleiben können? Betroffenheit rührt alle an. Ethik in diesem Sinn ist grundsätzlich Ethik der Ge-

[7] E. Dussel, Ethik der Gemeinschaft, Düsseldorf 1988, 47–48.
[8] E. Dussel, Ethik der Gemeinschaft, 82–83.

rechtigkeit, verstanden in der Weise, dass der großen Mehrheit der Menschen die ihnen aberkannte Anerkennung wieder zuteil wird und dass sie, die sich von der Gesellschaft ausgeschlossen fühlen, wieder in sie hineigenommen werden. Das aber bedeutet, dass die Dringlichkeiten in einer Prioritätenfolge stehen: Als Erstes gilt es, das Leben der Armen zu retten. Zweitens tut Not, sich um die Lebensvoraussetzungen für alle zu kümmern (Arbeit, Wohnung, Gesundheit, Erziehung, Sicherheit). Sodann geht es um die Zukunftsfähigkeit des gemeinsamen Hauses, der Erde mit all ihren Ökosystemen und mit der gewaltigen Vielfalt des Lebens. Auf dieser Grundlage können und müssen wir uns schließlich für die Voraussetzungen einsetzen, die notwendig sind, dass die übrigen Grundrechte des Menschen, wie sie in zahllosen Erklärungen mit Weltgeltung verbrieft sind, Wirklichkeit werden.

Auf der Grundlage dieser Kernaussagen entwirft Dussel für offene Gesellschaften, die sich als unvollkommen und als fortwährend auf dem Weg der Vervollkommnung befindlich verstehen, eine politische Ethik. Aber er hat auch eine erotische Ethik, in der er die Rollen von Weiblichkeit und Männlichkeit sowie die Beziehungen zwischen Eltern und Kindern neu definiert und die eine Alternative darstellen zu den üblichen männlichkeitszentrierten und phallokratischen Ethikvorstellungen. Drittens geht es ihm um eine pädagogische Ethik der menschlichen Sozialisierung oder – anders gesagt – um Prozesse und Methoden der Internalisierung gemeinsamer Werte. Schließlich konzipiert Dussel auch eine antifetischistische Ethik, mittels deren er alle Prozesse der Verabsolutierung und des In-sich-selbst-Verschließens der Systeme entlarvt, weil damit ja eine effektive Erfahrung von Transzendenz und von echter Begegnung mit der Urquelle alles Seienden und mit dem geheimen Ziel des unersättlichen Wunsches des Menschen verbaut wird, das heißt mit Gott.

Diese Ethik besitzt ohne jeden Zweifel einen messianischen Charakter. Denn sie führt dazu, dass Leben gerettet und Tränen abgewischt werden, dass Mitleid geweckt und Zusammenarbeit unter allen intensiviert wird, die sich Söhne und Töchter der Erde und Brüder und Schwestern untereinander wissen. In ihrem Mittelpunkt stehen Dinge, die für Leben und Überleben essentiell sind. Aus diesem Grund hat sie es mit der Mehrheit der verarmten Menschheit zu tun. Sie ist eine Ethik des menschlich Selbstverständlichen, nachvollziehbar und realisierbar für jedermann und für jede Frau. Als solche beschäftigt sie sich gezielt auch mit den zu Beginn unserer Studie formulierten Fragen nach Gesellschaft, Ökologie und menschlicher Arbeit. So kann man sie nur als unvergleichlich wertvoll bezeichnen. Und sie wird ihren Wert erst einbüßen, wenn der letzte Schrei des letzten Unterdrückten in der letzten Ecke der Erde verhallt sein wird.

6. Dignitas Terrae – eine ökozentrierte Ethik

Mehr als jedes andere Konzept stellt die Richtung *Dignitas Terrae*[9] in der Ethik explizit die Frage nach einem Weltethos. In ihr sehen wir die bisher gelungenste Verdichtung des neuen ökologisch-planetarischen Be-

[9] *Dignitas Terrae* = Würde der Erde.

wusstseins, mit ausdrücklicher Berücksichtigung eines neuen Zivilisationsparadigmas.

Ausgangspunkt ist ein integrierendes, holistisches Verständnis von Ethik, in dem die Zusammenhänge zwischen Armut, Umweltzerstörung, gesellschaftlicher Ungerechtigkeit, ethnischen Konflikten, Frieden, Demokratie, Ethik und spiritueller Krise voll zur Geltung kommen.

Die Rede ist von der sogenannten Charta der Erde oder Erd-Charta.[10] Ihre Verfasser sind eindeutig: »Die Grundsätze der Erd-Charta . . . ergeben [zusammen] ein Konzept für eine nachhaltige Entwicklung und stellen grundlegende Richtlinien für den Weg dorthin dar. Diese Grundsätze sind aus dem Völkerrecht hergeleitet, aus Wissenschaft, Philosophie, Religion, UN-Gipelftreffen und den bisherigen Erd-Charta-Gesprächen über globale Ethik.«

a. Vorläufer der Erd-Charta

Auf der Grundlage einer umfassenden Diskussion in weltweitem Maßstab reifte die Erklärung der Erd-Charta während vieler Jahre heran. Eine Nische dafür bilden die Vereinten Nationen UNO. Bei ihrer Gründung im Jahre 1945 sahen diese ihre grundsätzliche Aufgabe in der Sicherung des Weltfriedens vermittels dreier Hauptpole: Menschenrechte, Frieden und sozioökonomische Entwicklung. Von der ökologischen Fra-

[10] Verantwortlich für das Projekt ist der »Earth Council« (Rat der Erde) in San José de Costa Rica. Die deutsche Übersetzung (der dritten revidierten englischen Fassung) wurde herausgegeben von der »Ökumenischen Initiative Eine Welt«, Mittelstraße 4, 34474 Diemelstadt-Wethen (1999). Internet: http://www.earthcharter.org/draft/german.htm.

ge war noch nicht die Rede. Diese kam 1972 – dann aber unübersehbar – auf den Tisch, als der »Club of Rome« den ersten großen Bericht über die Lage der Erde vorlegte, die Befindlichkeit des globalen Erdsystems als Krise anprangerte und als Therapie die Begrenzung des Wachstums empfahl. Noch im selben Jahr rief die UNO das erste große Welttreffen zu Fragen der Umwelt nach Stockholm ein. In der schwedischen Hauptstadt wurde man sich der Tatsache bewusst, dass der Umwelt die Hauptsorge der Menschheit zu gelten habe und dass die Ökologie den konkreten Rahmen aller Probleme bilde. Schließlich hinge ja die Zukunft von Erde und Menschheit an den Fragen von Umwelt und Ökologie. Beschlossen wurde, Werte und Prinzipien zu entwickeln, die das ökologische Gleichgewicht garantierten.

In der Folge dieses Bemühens kam im Jahre 1982 die Weltcharta der Natur heraus. Fünf Jahre später kreierte die Weltkommission für Umwelt und Entwicklung (Brundtland-Kommission) das Motto, das bis heute in aller Munde ist: »nachhaltige Entwicklung«. Sie schlug eine Charta der Erde vor, welche das Verhältnis zwischen den beiden Bereichen Umwelt und Entwicklung regeln sollte.

Anlässlich der Erdgipfels der UNO 1992 in Rio de Janeiro wurde abermals der Ruf nach einer Charta der Erde laut, nachdem Nichtrregierungsorganisationen (NRO), engagierte Gruppen und Wissenschaftler sowie nationale Regierungen zwischenzeitlich überall in der Welt darüber diskutiert hatten. Die Erklärung sollte so etwas werden wie ethischer Zement, der sämtlichen Projekten des wichtigen Treffens Kohärenz und Einheit verleihen sollte. Doch die Regierungen konnten sich nicht einigen. Statt ihrer beschlossen sie die Erklärung von Rio de Janeiro über Umwelt und Entwicklung. Das Nicht-zu-Stande-Kommen des Grundlagentextes führte in Kreisen, die, der Dinge bewusst, für die ökologische Zukunft der Erde engagiert waren, zu ziemlicher Frustration. Da tat sich eine zweite entscheidende Nische für schöpfungsbezogenes Denken bzw. für zwei internationale NROs auf, das heißt für den »Rat der Erde« und für das »Internationale Grüne Kreuz«. Unterstützt wurden beide NROs durch die niederländische Regierung. Man stellte sich der Herausforderung, nach Möglichkeiten zur Erreichung einer Erd-Charta zu suchen. 1995 übernahmen die beiden NROs zusammen mit Anderen die Schirmherrschaft für ein Treffen in Den Haag, auf dem sechzig Vertreter der verschiedensten Bereiche zusammen mit weiteren Interessenten die Kommission für die Erd-Charta ins Leben riefen. Die Kommission erhielt den Auftrag, im Laufe von zwei Jahren eine weltweite Konsultation durchzuführen und in deren Folge dann den Entwurf einer Erd-Charta vorzulegen.

Zugleich stellte man die im internationalen Recht derzeit geltenden Prinzipien und Instrumente noch einmal in einer Informationsschrift zusammen. Titel des Papiers: »Prinzipien zur Bewahrung der Umwelt und zur nachhaltigen Entwicklung – Zusammenfassung und Anerkennung«.

1997 wurde die Erd-Charta-Kommission konstituiert. Sie bestand aus dreiundzwanzig Persönlichkeiten mit Weltgeltung aus allen Erdteilen. Unter der Leitung des Kanadiers Maurice Strong, der bereits 1992 Generalkoordinator des Erdgipfels in Rio de Janeiro gewesen war, und des Vorsitzenden des »Internationalen Grünen Kreuzes«, Michail Gorbatschow, sollte das Gremium den Konsultationsprozess begleiten und einen ersten Entwurf für die Erd-Charta verfassen. Auf dem »Forum Rio + 5«, einem ersten Versuch der Bilanzierung dessen, was von den Beschlüssen des Erdgipfels 1992 in der früheren brasilianischen Hauptstadt inzwischen verwirklicht worden war, legte die Kommission dann auch einen ersten Entwurf der Charta der Erde vor. In den beiden folgenden Jahren lief dann auf allen Erdteilen und auf allen Ebenen (von der Grundschule über Basisgemeinden bis hin zu Forschungszentren und Bildungsministerien) eine breite Diskussion über die Erd-Charta. An die sechsundvierzig Länder und mehr als hunderttausend Menschen beteiligten sich an dem Unternehmen. Viele Vorschläge wurden für die Charta der Erde gemacht. Schließlich jedoch wurde unter der Federführung von Steven Rockefeller, einem Buddhisten und Professor für Philosophie der Religion und für Ethik, im April 1999 ein zweiter Entwurf für die Charta der Erde formuliert, in den die wichtigsten Rückmeldungen und übereinstimmenden Hinweise aus der ganzen Welt einflossen. Vom 12. bis zum 14. März 2000 wurden in der UNESCO in Paris die letzten Eingaben eingearbeitet, und die Charta der Erde ratifiziert. Seither liegt also ein offizieller Text auf dem Tisch, über den aber noch weiter diskutiert werden kann und in den noch weitere Anregungen eingebaut werden können, bis er im Jahre 2002 der UNO zur Bestätigung vorgelegt werden wird. Gebilligt wurde eine weltweite Kampagne zur Unterstützung der Charta, in der Hoffnung, dass mehr und mehr Menschen, Institutionen und Regierungen dieser neuen ethisch-ökologischen Betrachtensweise zustimmen, weil sie in der Tat ein zivilisatorisches Prinzip zu begründen vermag, das der Zukunft von Erde und Menschheit gut tut.

b. Ethische Prinzipien und Werte der Charta der Erde

Hauptverdienst der Charta ist das Faktum, dass sie als Achse, um die alles kreist, die Kategorie der Inter-retro-beziehung von allem mit allem hat. Auf dieser Grundlage können wir von einem gemeinsamen Schicksal von Erde und Menschheit reden, in der Überzeugung, dass wir eine große, erdenweite, ja kosmische Gemeinschaft bilden. Denn was dem Text der Charta zugrundeliegt, sind Erkenntnisse von Erdwissenschaften, von neuer Kosmologie, Quantenphysik und zeitgenössischer Biologie sowie die gesichertsten Erkenntnisse des holistisch-ökologischen Paradigmas.

Die Charta der Erde gliedert sich in vier Teile: Präambel, Hauptgrundsätze, erläuternde Prinzipien und Schluss.

Die Präambel betont nachdrücklich, die Erde sei ein lebendes Ganzes und bilde zusammen mit der Menschheit Teil eines gewaltigen in Evolution stehenden Universums. Während sie sich bisher in einem dynamischen Gleichgewicht befand, ist dieses auf Grund der ausbeuterischen, ruinösen Vorgehensweise, welche sich die Menschen angewöhnt haben, heute in Gefahr. Angesichts dieser globalen Lage haben wir die heilige Pflicht, Lebendigkeit, Vielfältigkeit und Schönheit unseres Gemeinsamen Hauses sicherzustellen. Zu diesem Zweck müssen wir ein neues Bündnis mit der Erde und einen neuen Sozialpakt der Verantwortung unter allen Menschen schließen, basierend auf einer spirituellen Dimension der Hochachtung vor dem Geheimnis der Existenz, der Dankbarkeit für das Geschenk des Lebens und der Demut in Anbetracht der Stelle, an der der Mensch in der Natur steht.

Mehr als jede bloße Zusammenfassung der sechzehn Grundprinzipien des neuen Weltethos empfiehlt es sich, sie hier inhaltlich zu referieren:

I. Ehrfurcht vor der Gemeinschaft des Lebens – Achtsamer Umgang mit ihr

1. Ehrfurcht vor der Erde und vor allem dem Leben.
2. Achtsame Pflege der Gemeinschaft des Lebens mittels Verständnis, Mit-leiden und Liebe.
3. Schaffung demokratischer, gerechter, nachhaltiger, partizipatorischer und friedlicher Gesellschaften.
4. Sicherung von Fülle und Schönheit der Erde für alle gegenwärtigen und zukünftigen Generationen.

II. Ökologische Integrität

5. Schutz und Wiederherstellung der Integrität der ökologischen Systeme der Erde, unter besonderer Berücksichtigung der biologischen Vielfalt und der natürlichen Prozesse, die das Leben erhalten und erneuern.
6. Vorsorglicher Schutz der Umwelt – als beste Methode des Umweltschutzes. Wo das Wissen an Grenzen stößt, den Pfad der Vorsicht wählen!
7. Alle Lebewesen mit Mitgefühl behandeln und sie vor Grausamkeit und willkürlicher Vernichtung schützten.

III. Soziale und ökonomische Gerechtigkeit

8. Verbrauch, Produktion und Reproduktion so abstimmen, dass die regenerativen Kräfte der Erde, die Menschenrechte und das Wohl der Allgemeinheit respektiert werden und gesichert sind.
9. Sicher stellen, dass sämtliche Wirtschaftsaktivitäten und Institutionen die menschliche Entwicklung gerecht und auf nachhaltige Weise fördern.
10. Beseitung der Armut aus ethischer, sozialer, ökonomischer und ökologischer Verpflichtung.
11. Das Recht aller Menschen auf eine Umgebung, so wie ihre Würde, ihre Gesundheit und ihr spirituelles Wohlergehen sie erfordern, unterschiedslos achten und verteidigen. Besondere Beachtung verdienen in diesem Punkt Völker von Ureinwohnern und Minderheiten.
12. Weltweit die gemeinsame Erforschung ökologischer Systeme, die Verbreitung und Anwendung von Wissenspotentialen sowie die Entwicklung, den Gebrauch und den Transfer sauberer Technologien vorantreiben.

IV. Demokratie, Gewaltfreiheit und Friede

13. Stärkung der demokratischen Einrichtungen auf allen Ebenen, Gewährleistung von Transparenz und Glaubwürdigkeit in den Regierungsgeschäften, inklusive Partizipation bei Entscheidungsfindung und Zugang zur Justiz.
14. Gleichstellung der Geschlechter als Vorbedingung für eine nachhaltige Entwicklung.
15. Wissen, Werte und Fertigkeiten, die zum Aufbau gerechter und nachhaltiger Gemeinwesen notwen-

dig sind, zum integralen Bestandteil sowohl der schulischen Bildung als auch des lebenslangen Lernens machen.

16. Schaffung einer Kultur des Friedens und der Zusammenarbeit.

Schließlich bringen die Verfasser der Charta ihr Vertrauen zum Ausdruck auf die regenerative Kraft der Erde wie auch auf die Verantwortung, welche sie in allen Menschen anzutreffen meinen: dass diese nämlich die gemeinsame Heimstatt zu lieben und achtsam zu behandeln lernen.

Mit einer herrlichen Formulierung endet die Charta der Erde: »Lasst uns unsere Zeit so gestalten, dass man sich an sie erinnern wird als Zeit des Erwachens einer neuen Ehrfurcht vor dem Leben, des Bekenntnisses zur Wiederherstellung der ökologischen Integrität der Erde, des verstärkten Einsatzes für Gerechtigkeit und Mitbestimmung der Völker, des gemeinsamen Herangehens an die globalen Probleme, der friedlichen Umsetzung der Veränderungen und des freudigen Feierns des Lebens«.

Bleibt nur noch festzuhalten: Alles, was uns am Herzen liegt, findet sich in diesem Entwurf einer Weltethik, ohne Zweifel der überlegteste, universalste und eleganteste, den es bisher gegeben hat. Sollte die Charta der Erde eines Tages mit universaler Verbindlichkeit angenommen werden, wird sie den Bewusstseinsstand der Menschheit verändern. Bei all ihren Söhnen und Töchtern, alle aus demselben Mutterschoß und alle mit derselben Bestimmung wie sie, wird dann fortan die Erde im Mittelpunkt des Augenmerks stehen. Für Verarmte, Beschäftigungslose und Attentäter auf die eigene Große Mutter wird es dann auf der Erde keinen Platz mehr geben.

7. Schluss: Ein Ethos und viele Moralkodizes

Alle hier erörterten Formen ethischer und moralischer Argumentation beleuchten wahre, allerdings zu kurz greifende Dimensionen. Wie wir sahen, gehen nicht alle Begriffe von Ethik die anfangs genannten drei globalen Probleme in sachgerechter Weise an. Insgesamt betrachtet, ergänzen sie sich jedoch alle.

In der Tat: Wir müssen pragmatisch sein, wie die sozialen Utilitaristen es wollen. Was wir tun, muss positive Auswirkungen haben, soll denn das Leben leicht und heiter sein. Nur darf solch ein Verhalten nicht zu Lasten von Gerechtigkeit und Dialog gehen, ohne die menschliches Leben niemals gelingen kann. Natürlich geht es nicht ohne Austausch der Argumente und Zusammenspiel der kulturellen Differenzen, soll denn der Gesellschaftspakt so weit wie möglich nicht nur alle Menschen, sondern auch die Natur mit einschließen, wie sich die Vertreter der Ethik des kommunikativen Diskurses, der sozialen Gerechtigkeit und der *Dignitas Terrae* es wünschen.

Nützlichkeit und Gerechtigkeit müssen die Einzigartigkeit der menschlichen Spezies zum Ausdruck bringen, insofern wir uns als Menschen von anderen Lebensarten unterscheiden, mit denen wir in ökologischer Gemeinschaft leben, in ein und demselben gemeinsamen Haus, der Erde. Die Unverwechselbarkeit des Menschen verweist auf eine spezifische Natur, mit genau zugeschnittenen Verhaltensweisen – Verhaltensweisen, die voller Bedeutung sind, die Werte transportieren und die seine Struktur von Achtsamkeit, Vernunftbegabtheit, Freiheit, Autonomie und Fähigkeit zur Gestaltung der Umwelt sichtbar machen, wie es von den Vertretern einer Ethik auf der Grundlage der Natur postuliert wird.

Greifbar werden diese Werte in den Religionen, die ja die höchsten Träume und Ideale der Menschheit verkörpern. Aber die Religionen sind auch ein Hinweis auf die Unbedingtheit der Grundwerte, insofern sie geboren werden aus Begegnung und Zwiesprache mit Gott als der Quelle aller ethischen Unbedingtheit, wie es den Protagonisten einer Ethik auf der Basis der großen religiösen Überlieferungen der Menschheit am Herzen liegt.

Schließlich messen sich Wert und Kriterium für Wahrheit und Universalität einer Ethik an der Art und Weise, wie jemand mit dem Armen und Ausgeschlossenen umgeht, die ja den größten Teil der Menschheit ausmachen und überdies Verkörperungen des geknechteten, geplünderten Großen Armen sind, des Planeten Erde.

Wenn eine Ethik weder den Hilferuf des Unterdrückten noch den Schrei der Erde an sich herankommen lässt und nichts unternimmt, sie zu befreien: Lässt sich ein solches *Ethos* dann noch als ethisch bezeichnen? Menschliche Wohnung (*Ethos* im ursprünglichen Sinn) ist nur denkbar, wenn ein Minimum an Gerechtigkeit, sakraler Verehrung und unerlässlichem Mit-leiden wieder zum Tragen kommt, weil ohne das alles die menschliche Wohnung nicht mehr menschlich, weil nicht mehr bewohnbar wäre. Ohne diese Gerechtigkeit verkommt jedes Verständnis von Glück zu Zynismus. So zumindest der große Aufruf derer, die weltweit an der Erd-Charta arbeiten.

Die Summe der verschiedenen Konzepte von Ethik wird das System Erde zu retten haben. Speziell im Blick auf Anthroposphäre und Biosphäre gilt, dass Maß und Rhythmus von dem her zu bestimmen sind, der am meisten leidet, und das ist der Ausgeschlossene. Ob richtig oder falsch, verwirrend oder richtungweisend, jedes Verständnis von Ethik hat ins Zentrum seines Bemühens das gemeinsame Schicksal all derer zu stellen, die in dem einen »Abenteuer Erde« mitspielen, will sagen: die schlicht und einfach teilhaben am geheimnisvollen Sinn des einen großen Weltalls. Alles lässt sich auf den Punkt bringen im ernsthaften Ringen um den Frieden, der – in der glücklichen Beschreibung der Erd-Charta – in der »Integrität« besteht, die erwächst aus gerechten Beziehungen mit sich selbst, mit den Mitmenschen, mit den verschiedenen Kulturen, mit dem Leben, mit der Erde und mit dem großen Ganzen, von dem wir alle ein Teil sind.

V. PATHOS UND ACHTSAMKEIT ALS NEUE GRUNDLAGE EINES MENSCHLICHEN UND PLANETARISCHEN ETHOS

Im folgenden Kapitel möchten wir unsere eigene Auffassung von der Möglichkeit eines Welt*ethos* vortragen. So weit es geht, greifen wir dabei auf Perspektiven zurück, die uns in den oben geschilderten Interpretationen hilfreich erschienen.

Zunächst einmal ist festzustellen, dass nahezu alle ethischen Systeme, zumindest im Westen, deutlich in der Schuld des Logozentrismus stehen. Konstitutive Bausteine im Fundament unserer Kultur sind der griechische *Logos* und das kartesianische *Cogito*. Doch die Entwicklung sowohl des philosophischen Gedankens als auch der Geschichte ließ immer deutlicher erkennen, dass die Vernunft weder alles erklärt noch alles begreift.

Die Vernunft, so der Löwener Philosoph Jean Ladrière, ist weder das erste nach das letzte Moment der menschlichen Existenz.[11] Sie ist offen nach unten und nach oben. Von unten her taucht sie aus älteren, tieferen und elementareren Schichten auf, aus Affektivität, wesenhafter Achtsamkeit und *Pathos*. Nach oben hin öffnet sie sich für die Erfahrung des Spirituellen, das heißt für die Entdeckung, dass sich das Ich auf das Ganze hin ausstreckt wie auch dass das Ganze schon im Ich wohnt oder – noch einmal anders gesagt – dass

[11] J. Ladrière, Le destin de la raison et les tâches de la philosophie, Gembloux 1973, 35.

alles mit allem hin und her in Verbindung steht. Außerdem gibt es da noch das A-rationale und das Ir-rationale. Beide weisen darauf hin, dass Chaos und Kosmos immer zusammen daherkommen und Ordnung stets von Unordnung begleitet wird. Das *demens* ist die Schwester des *sapiens* und das Dia-bolische der Bruder des Sym-bolischen. Fachleute stimmen heute weithin darin überein, dass Intelligenz etwas Emotionales ist; denn sie gibt Rechenschaft von der lebendigen Dialektik zwischen Realität und Gedanken.

1. Ich fühle, also bin ich

Was ist die Grunderfahrung des menschlichen Lebens? Die Grunderfahrung des menschlichen Lebens ist Gefühl, Affekt, achtsame Zuwendung. Nicht *Logos*, sondern *Pathos*. *Sentio, ergo sum* – Ich fühle, also bin ich. Gefühl ist die Wurzel jeder Aussage. *Pathos* ist die Fähigkeit, zu fühlen, berührt zu werden und zu berühren. Das also ist die Lebenswelt des Menschen, seine proto-primäre konkrete existentielle Befindlichkeit. Existenz ist nie pure Existenz, sondern stets auch Koexistenz, die man fühlt und die man zu spüren bekommt in Aufmerksamkeit und Sorge, in Achtsamkeit und Verantwortung in der Welt gemeinsam mit den Anderen, in Freude und Traurigkeit, in Hoffnung und Angst.

Unsere erste Beziehung ist noch ohne jegliche Distanz, geprägt von großer aktiver Passivität. Ich spüre die Welt, die Anderen und das Ich als ein einziges komplexes Ganzes, innerhalb der Welt und als Teil von ihr und – dem zum Trotz – ihr auch gegenüber, als etwas anderes, das ich sehe, denke und gestalte. So geht es grundsätzlich um ein Sein *mit* und nicht *über* den Dingen, um ein Zusammenleben innerhalb eines noch keinesweg ausdifferenzierten Ganzen.

In seinem Buch »Sein und Zeit« spricht Martin Heidegger[12] vom Sein-in-der-Welt als von einem Existenzial, das heißt von einer Grunderfahrung, die konstitutiv für den Menschen ist und nicht als bloßes geographisches oder geologisches Akzidens missverstanden werden darf. So bauen sich die Strukturachsen der Existenz um Affektivität, achtsame Sorge, Eros, Leidenschaft, Mit-leiden, Wunsch, Zärtlichkeit, Sympathie und Liebe auf. Doch dieses Basisgefühl ist nicht nur eine Regung der Psyche, es ist viel mehr, es ist ein »existenzial-ontologisches Grundphänomen«, eine Form des wesenhaften Seins, die ontische Struktur des Menschen.[13]

Pathos ist kein Widerspruch zu *Logos*. Auch das Gefühl ist eine Form von Erkennen, wenn auch anders. *Pathos* schließt Vernunft mit ein, übersteigt sie aber in jeder Hinsicht.

Wer diese Dimension genial gesehn hat, war Blaise Pascal (1623–1662), der zum Kreis der Gründer der Wahrscheinlichkeitsrechnung zählt und die Rechenmaschine erfunden hat. Pascal sagt, das Herz spüre die ersten Axiome des Denkens und das Herz setze die Prämissen für jedes nur mögliche Erkennen der Realität fest. Mit seiner inzwischen klassischen Untersuchung zur *Emotionalen Intelligenz* hat Daniel Goleman[14] unlängst die philosophische These von Gefühl

[12] M. Heidegger, Sein und Zeit, Tübingen [8] 1957.
[13] M. Heidegger, Sein und Zeit, 196.
[14] D. Goleman, Emotionale Intelligenz, München (Hanser) 1996; als Taschenbuch: dtv 1997.

und Affektivität (*Pathos*) als proto-primäre Dimension des Menschen empirisch nachgewiesen. Als Erstes fühlt das Herz, und dann erst reagiert des Denkvermögen.

Erkennen auf dem Weg des *Pathos* geschieht in einem Prozess der *Sympathie*, das heißt in einem Prozess der Identifikation mit dem Vorfindlichen, des Leidens und des Sich-Freuens mit ihm, der Teilhabe an seinem Schicksal.

Ehe die Vernunft das Podest der Hegemonie erklommen hatte, lebte der archaische Mensch in einer *mystischen Vereinigung* mit allen Wesen, fühlte sich wie durch eine Nabelschnur mit ihnen verbunden und hatte Teil an ihrer Natur, wie diese an seiner Natur Teil hatten. Er spürte, dass Steine, Pflanzen und Tiere zu seiner Geschichte gehörten, auch wenn sich das Ganze im Halbdunkel der Urzeit verlor. Das Gefühl universaler Zugehörigkeit und Verwandtschaft bewirkte, dass die Menschen rundum integriert waren; und allen Elementen wurden Achtung und Ehrfurcht entgegengebracht, namentlich den lebenden Wesen und der Erde, die als die Große Mutter verehrt wurde.

Dies alles geriet in Vergessenheit. Doch der moderne und postmoderne Mensch ist auf der Suche nach dem verlorenen Einklang, den er sich allerdings in der Logik des Alltäglichen (in diesem Punkt sind wir archaisch wie die Menschen von vorgestern), in seinen Träumen, in seinen regressiven und progressiven Utopien wie auch in seiner Phantasie erhalten hat.

2. Das Wesen des Menschen: Achtsamkeit

Doch damit ist es nicht getan. Es kommt darauf an, das *Pathos* in ein geschichtliches Projekt umzupolen, in dem auch die Tradition des *Logos* Platz hat; denn ohne *Logos* ist weder an die Rettung der Menschheit noch an die der Erde zu denken. *Logos* und *Pathos* müssen Hand in Hand daherkommen. Hirn und Herz haben wieder zu entdecken, dass sie Dimensionen ein und desselben Körpers und Seiten ein und derselben Münze sind. Aus der Verbindung der beiden erwächst Achtsamkeit. Achtsame Sorge definiert das konkrete Wesen des Menschen. So zumindest lautet die Botschaft einer alten philosophischen Überlieferung, wie sie Hyginus, ein Sklave des Gaius Iulius Caesar, in seiner Fabel 220 festhält. In seinem schon zitierten Buch »Sein und Zeit« greift Martin Heidegger auf die Fabel des Hyginus zurück, und wir entfalten sie dann weiter in unserer Untersuchung »Die Logik des Herzens. Wege zu neuer Achtsamkeit«.[15]

Die Grundstruktur des Menschen beruht eher auf Achtsamkeit und Sorge als auf Vernunft und Willen. Achtsamkeit ist eine von Liebe angereicherte Beziehung zur Wirklichkeit und zielt darauf ab, diese in ihrer Existenz zu erhalten und ihr Raum zu eröffnen, damit sie sich entwickeln kann. In alles investieren Menschen Achtsamkeit bzw. müssen in alles Achtsamkeit investieren, ob es um Leib oder Leben geht, um Geist oder Natur, um Gesundheit oder Wohnung,

[15] L. Boff, Die Logik des Herzens. Wege zu neuer Achtsamkeit, Düsseldorf 1999.

um einen geliebten Menschen oder um jemanden, der leidet. Ohne Achtsamkeit verkümmert jedes Leben.

Angesichts der Sorglosigkeit und der Gleichgültigkeit, die heutzutage die Biosphäre wie auch das Schicksal der Menschen geradezu bedrohen, so dass große ökologische Weltorganisationen zunehmend Alarm schlagen, steht ganz außer Zweifel, dass die Ethik der Achtsamkeit mittlerweile zu *dem* großen Imperativ geworden ist.

Wenn also das – durch den *Logos* angereicherte und in wesenhafter Achtsamkeit und Sorge gipfelnde – *Pathos* die umfassende Grundlage ist, dann stellt sich nunmehr die Frage, welche Imperative sich aufdrängen, wollen wir mit dem sozialen Problem der Ausgeschlossenen, mit der strukturbedingten Krise der Arbeitslosigkeit und mit der Engführung in ökologischen Belangen fertig werden.

VI. MINDESTIMPERATIVE EINER WELTETHIK

1. Ethik der Achtsamkeit

Wir hatten gesagt, achtsame Sorge gehöre zum Wesen des Menschen. Sie ist das konkrete Sein-in-der-Welt mit den Anderen. Sie liegt vor dem Wirken von Vernunft und Freiheit, wie Martin Heidegger in »Sein und Zeit« scharfsinnig herausgearbeitet hat und wir in »Die Logik des Herzens. Wege zu neuer Achtsamkeit« weiter ausgeführt haben. Achtsamkeit ist eine Beziehung zärtlicher Zuwendung und Sorge, in der der Mensch die Welt als Wert entdeckt. Die Welt ist nicht primär Gegenstand menschlichen Besitzes und Arena utilitaristischer Interessen. Die Welt hat ihren eigenen inneren Wert und ihre eigene relative Autonomie. In dem Maße, in dem sie Träger von Rechten ist, hat sie Subjektivität, verdient Achtung, hat einen Anspruch darauf fortzubestehen und erweist sich als Teil und Parzelle des Ganzen. Sorgfältige Achtsamkeit bringt zum Ausdruck, wie wichtig gerade herzliche Vernunft ist, weil diese staunend und ehrfürchtig vor dem Geheimnis steht, dass sich in jedem Sein von Weltall und Erde zugleich ver-hüllt und ent-hüllt. Aus diesem Grund können Leben und Beziehungsspiel auch nur dann gelingen, wenn sie von Achtsamkeit, Zuwendung und Aufmerksamkeit umgeben sind. Mit dem Los des Anderen, aber auch mit dem Schicksal jedes Dinges, mit dem achtsam umgegangen wird, fühlt sich der

Mensch affektiv involviert und aufs Engste verbunden. Treffend sagt der lateinische Dichter Horaz (65–8 v. Chr.): »Achtsamkeit ist der ständige Begleiter des Menschen«. Sie zeigt sich in der Liebe zu Dingen und Menschen wie auch in ihren Töchtern Verantwortung und Mitempfinden.

Wo keine Achtsamkeit, obsiegt Entropie, das heißt der Verschleiß aller Dinge unter dem ungebremsten Wucher der Zeit. Wo aber Achtsamkeit waltet, wächst Syntropie, das heißt das wohltuende Zusammenwirken aller Faktoren, welche die Existenz bewahren und im Rahmen des Möglichen verlängern.

So ist es nicht schwierig, herauszufinden, dass sorgsame Achtsamkeit die erste ethische Grundhaltung ist. Sie vermag die Erde als komplexes lebendiges System zu erhalten, das Leben zu schützen, die Rechte nicht nur der Menschen, sondern auch aller anderen Geschöpfe zu gewährleisten und ein Zusammenleben in Solidarität, Verständnis, Mit-leiden und Liebe zu ermöglichen.

Überflüssig, hier noch einmal die Inhalte einer Ethik der Achtsamkeit im Einzelnen darzustellen. Sie durchzieht jede Zeile der Erd-Charta, von der wir ja gerade sprachen. Auch wir selbst haben in dem soeben zitierten Buch »Die Logik des Herzens« ihre Kernstükke benannt: achtsame Sorge um unseren einzigen Planeten, um die eigene ökologische Nische, um eine zukunftsfähige Gesellschaft, um den Anderen, um *animus* und *anima*, um Arme, Unterdrückte und Ausgeschlossene, um unseren Körper in Gesundheit und Krankheit, um die umfassende Heilung des Menschen, um unsere Seele mit ihren inneren Engeln und Dämonen, um unseren Geist und seine Träume sowie den großen Traum, das heißt Gott, wie auch schließlich um die große Überfahrt im Tode.

Ohne die Ethik der Achtsamkeit würde allen anderen Konzepten von Ethik die Grundlage entzogen. Denn allein für sich genommen kann keines von ihnen gewährleisten, dass das Leben weitergeht, dass die Menschen Würde erfahren und dass das All auch weiter in dynamischem Gleichgewicht bleibt, ohne das das Abenteuer von Erde und Kosmos ja bald ein Ende hätte. Die Zukunft des Planeten wie der Spezies *homo sapiens/demens* hängt an dem Grad von Achtsamkeit, den die Kultur und jeder einzelne Mensch entwickelt haben werden.

2. Ethik der Solidarität

Die Erkenntnis wächst, dass alle Wesen wechselseitig voneinander abhängen, dass alles einen gemeinsamen Ursprung und ein gemeinsames Ziel hat, dass uns gemeinsame Wunden schmerzen und dass wir gemeinsame Hoffnungen und Utopien hegen. So sind wir in allem solidarisch miteinander, im Leben, im Überleben und im Tod.

a. Das kosmische Gesetz der Solidarität

Solidarität erweist sich in diesem Zusammenhang als eine ontische und zugleich politische Kategorie. Ontisch, weil sie dem Gewebe aller Seienden objektiv eingeschrieben ist. Alle Existenzen sind Wesen-in-Beziehung und stehen mithin in Inter-retro-bezügen und in gegenseitiger Solidarität. Dies ist die Grundstruktur des Weltalls, mag die Vielfalt, die es hervorgebracht hat, speziell was die Biodiversität anlangt, auch noch so groß sein. Dank ihrer konnte eine größtmögliche Zahl an Seienden, wenn nicht die Gesamtzahl der gegenwärtig vorfindlichen Seienden überhaupt, bis auf den heutigen Tag fortbestehen. Das darwinsche Gesetz der natürlichen Auswahl muss innerhalb dieses universaleren Gesetztes der Solidarität aller mit allen verstanden werden. Auf der Ebene des Menschen hat an die Stelle der Auswahl die Achtsamkeit zu treten, damit alle fortbestehen können und niemand, im Namen imperativer Gruppeninteressen oder unter Berufung auf eine Kultur, die Interesse über Würde setzt, an den Rang gedrückt oder gar beseitigt wird.

b. Politische Solidarität

Darüber hinaus ist Solidarität eine zentrale politische Kategorie. Man kann der ontischen Solidarität nämlich in einem politischen Projekt bewusst Gestalt geben und sie zum Dreh- und Angelpunkt der gesellschaftlichen Beziehungen machen.

Auch hier müssen wir die Tradition der Solidarität, wie sie in den Anfängen des Hominisierungsprozesses grundgelegt ist, wieder zur Geltung bringen. Zeitgenössische Ethnoanthropologen und Biologen haben herausgefunden, dass Solidarität und nicht *struggle for life* unsere Urahnen, die Hominiden, sozial organisiert hat. Beim Nahrungsammeln oder bei der Rückkehr von der Jagd verteilten sie unter sich, was sie zusammengetragen hatten. Die ursprüngliche Geselligkeit führte vor Millionen vor Jahren dann zum Aufkommen der Sprache, durch die sich der Mensch von den übrigen höheren Primaten unterscheidet und mit deren Hilfe er sich die Welt von Bedeutungen und Werten schafft. Am Ende hängt das ganze Leben an der Solidarität, gestern wie heute. Niemand gibt sich selbst das Leben. Wir alle bekommen es von jemandem anders geschenkt und werden von Anderen solidarisch aufgenommen und in die Gemeinschaft der Menschen eingeführt. Wir alle hängen von einem Teller Nahrung und einem Glasser Wasser ab, wie auch von denen, die uns akzeptieren, ertragen und sich dazu entscheiden, mit uns zusammenzuleben. Ohne diese grundlegegende Solidarität gäbe es keine Gesellschaft, weder unter Tieren noch unter anderen geselligen Organismen.

Entweder wird politische Solidarität zum Angelpunkt der globalen Geogesellschaft, oder wir können uns alle die Zukunft abschreiben. Von der Praxis dieser Art von Solidarität hängt es ab, ob uns der gemeinsame Schatz an Natur, der ja der ganzen Menschheit gehört, ohne den aber kein Leben mehr möglich sein wird, überhaupt erhalten bleibt. Es muss allen sonnenklar werden, dass in einer ökozentrischen Betrachtensweise, jenseits jeder Variante von Anthropozentrismus, die Biosphäre das allem Leben, ob Mikroorganismen oder Menschen, gemeinsame Erbe (*common heritage of all life)* ist. Damit haben alle nationalen und auf irgendeinen Raum bezogenen Grenzen ihre Gültigkeit verloren, die Frage ist global und nicht regional.

Der erste ethische Imperativ, so wie er von A. Leopold in seiner Ethik der Erde (1949) formuliert wird, lautet: »Eine Tat ist gerecht, wenn sie – zumindest der Tendenz nach – Stabilität, Integrität und Schönheit der biotischen Gemeinschaft erhält; sie ist ungerecht, wenn sie zum Gegenteil tendiert«. Ähnliche Aussagen finden sich bei Hans Jonas in seiner ökologischen Ethik für moderne technologische Gesellschaften (Prinzip Verantwortung, 1984) oder bei Albert Schweitzer[16] in seiner Ethik der Ehrfurcht und der Achtung vor jeder Art von Leben. In dieses frühste Stadium jeglicher Ethik kommt dem Menschen die einzigartige Aufgabe des Wächters (*guardian* auf Englisch oder *Gärtner* in der Sprache der Bibel) über die Biosphäre und des Verantwortlichen für alles Geschaffene zu.

c. Subjektcharakter der Natur

Diesem Verständnis liegt eine Voraussetzung zu Grunde, die verdeutlicht werden muss: Erde, Natur wie überhaupt jedes lebende Wesen haben Subjektcharakter. Alle haben Geschichte, Komplexität und Innerlichkeit. Alle sind Träger von Rechten und verdienen Achtung. Mit der Feststellung dehnen wir den Begriff der juridischen Persönlichkeit auf Pflanzen, Tiere, Flüsse, Ökosysteme und Landschaften aus. M. Serres (1990) trifft den Nagel auf den Kopf, wenn er sagt: »Die Erklärung der Menschenrechte hatte das Verdienst, von › allen Menschen ‹ zu sprechen, versagte aber, weil sie ›nur an die Menschen‹ dachte«. Wie vor Zeiten darüber diskutiert wurde, ob Frauen, Ureinwohner und Sklaven Rechte hätten oder nicht, genauso wird heute darüber diskutiert, ob Tiere und Pflanzen und die Erde als Gaja Rechte beanspruchen können oder nicht. Wie wir inzwischen mehr als einmal betont haben, müssen wir unseren Begriff von Demokratie insofern erwei-

[16] Schweitzer, A., Die Ethik der Ehrfurcht vor dem Leben, in: Kultur und Ethik, München 1960.

tern, als es um Biokratie und Kosmokratie geht, weil ja alle diese Elemente, wenn auch auf unterschiedlichen Ebenen, in das Geselligkeitsgebaren des Menschen mit hineinspielen.

Die Weltcharta der Natur, wie sie 1982 von der UNO veröffentlicht wurde, nimmt das Verständnis der Natur als Trägerin von Subjektivität auf und macht die Menschen zu juridischen Vertretern (*guardians*) aller anderen Mitbewohner und Mitbewohnerinnen der biotischen und erdhaften Gemeinschaft. Auch der Erd-Charta liegt, wie wir sahen, diese Betrachtensweise zu Grunde.

Dass Leben und Menschheit einen gemeinsamen Schatz an Natur haben, bringt aber auch gleich die Tatsache auf den Tisch, dass die Menschheit ein gemeinsames *Interesse* (*common concern of humankind*) hat. Konkrete Probleme, die direkt die ganze Menschheit betreffen, verdienen auch die gemeinsame, solidarische Sorge der ganzen Menschheit. Wir denken da an die Verschmutzung der Atmosphäre, an Ozonloch und Treibhauseffekt, an das Knapperwerden des Trinkwassers und an mögliche tödliche Epidemien, an Sicherung der Nahrung, an Genmanipulation und an ähnliche Dinge.

Welche Ethik vermag diese gemeinsame Sorge der Menschheit zu steuern wenn nicht die Ethik der Solidarität? Wer mag da noch daran zweifen, dass die Ethik der Solidarität etwas absolut Zentrales und Essentielles ist? Sie hat alle Instanzen zu durchdringen und in sämtlichen Adern jedes Mannes und jeder Frau zu rollen. So empfiehlt sich als der natürliche Träger für diese Ethik die Zivilgesellschaft, konkrete Menschen und deren Organisationen. Die Staaten haben ihre öffentlichen Politikkonzepte ebenso wie ihre zwischenstaatlichen Beziehungen am Geist der Solidarität zu orientieren. So heißt es denn auch in der »Erklärung von Rio über Umwelt und Entwicklung« in Punkt 8.: »Die Staaten arbeiten zusammen, um die Gesundheit und Integrität der Ökosysteme der Erde zu erhalten, zu schützen und wiederherzustellen.«[17] So bringt die Weltgemeinschaft mit Hilfe zwischenstaatlicher Aktionen ihre Solidarität zum Ausdruck. Diese bezieht sich damit zunächst auf das gemeinsame Interessse der Menschheit und in Ableitung davon dann auch auf das ökologische Wohlergehen der einzelnen Staaten.

In dieser Weise praktizierte politische Solidarität lässt, jenseits der üblichen ideologischen Kontexte, den alten, dann aber neu formatierten sozialistischen Traum wieder wach werden – verstanden diesmal als Möglichkeit zur Integration aller im Blick auf das Überleben und auf den rationalen, geteilten Einsatz der begrenzten Güter der Erde und verstanden weiterhin als volle Verwirklichung der demokratischen Ideale, in denen diesmal als Bürger und Bürgerinnen auch alle Elemente der Natur inbegriffen sind.

3. Ethik der Verantwortung

Vor dem Hintergrund dessen, was wir weiter oben zu den verschiedenen Annäherungen an die Ethik ausgeführt haben, können wir uns hier mit einigen Hinweisen begnügen.

[17] Centre for Our Common Future (Hrsg.) (52, rue des Pâquis, CH-1201 Genève), Erdgipfel 1992, Agenda für eine nachhaltige Entwicklung, Genf 1993, X.

Die Herausforderung ist das Überleben aller Existenzen, der Menschen wie der anderen Lebewesen wie der Erde als eines Systems, das weitere Subsysteme in sich einschließt. Gemeinsam mit den Kräften, die Weltall und Natur steuern, trägt der Mensch Mitverantwortung für das Schicksal des Menschengeschlechtes ebenso wie seines gemeinsamen Hauses, des Planeten Erde.

Sich verantwortlich fühlen heißt sich als Initiator bzw. Initiatorin begreifen von Handlungen, die entweder der Natur und anden Seienden gut tun oder sie attackieren und unterwerfen können. Verantwortung ist der Indikator für den ethischen Charakter des Menschen. Kraft seiner Verantwortung nimmt er den Appell wahr, den er im Gewissen widerhallen hört. Auf den Anruf hin gibt er seine Antwort, die freilich in jedem Fall spezifisch qualifiziert ist, sei es negativ, sei es positiv, sei es wie auch immer. Aus der Fähigkeit zur Antwort erwächst Verantwortung, das heißt die Verpflichtung, die mittels des Gewissen wahrgenommenen Anrufe von Seiten der Wirklichkeit zu beantworten und zu berücksichtigen.

In Hans Jonas entlehnter Diktion lässt sich Verantwortung mittels des folgenden kategorischen Imperativs zum Ausdruck bringen: »Handle so, dass die Wirkungen deiner Handlung verträglich sind mit der Permanenz der Natur, des Lebens und der Erde«. Auf eine Formel gebracht, nimmt Verantwortung heute drei Grundkonkretionen an:

– Verantwortung für die Umwelt, die sich in einen Pakt des achtsamen Umgangs mit der Natur, des Wohlwollens ihr gegenüber und der Ehrfurcht vor ihr kleidet. Dieses Bündnis ist Voraussetzung für alle weiteren Pakte.

– Verantwortung für die Qualität des Lebens aller Wesen, angefangen mit den Menschen und hier an erster Stelle für die große Mehrheit der Ausgeschlossenen, Gedemütigten und Verletzten und von dort her dann auch für die anderen Existenzen (Wälder, Flüsse, Tiere, Mikroorganismen, Ökosysteme), insofern ja alle zur biotischen und erdhaften Gemeinschaft gehören, interdependent sind und infolgedessen ein Recht haben, zu existieren und Seite an Seite mit uns zu leben. Was also ansteht, ist ein neuer soziokosmischer Pakt. Dieser gründet auf der Verbindung zwischen sozialer Gerechtigkeit und ökologischer Gerechtigkeit, im Horizont einer größeren sozio-kosmisch-planetarischen Demokratie, in die alle Seienden, ob menschliche oder nichtmenschliche Wesen, als Träger von Rechten involviert sind.

– Generationsmäßige Verantwortung: Das heißt: Zunächst geht es um den Pakt zwischen den gegenwärtig lebenden Generationen (intra-generationell), damit dann auch die zukünftigen Generationen (inter-generationell) leben können, weil ja auch sie ein Recht darauf haben, eine bewohnbare Erde zu erben, einschließlich politisch-gesellschaftlicher Institutionen, die in einem Mindestmaß menschlich sind, wie auch einer kulturellen und geistig-geistlichen Atmosphäre, die dem Leben in seinen vielfältigen Formen gut tut. Dazu aber bedarf es einer feinen Einfühlung zum Einen für alle Wesen, weil sie ja unsere Weggefährten sind bei unserem Abenteuer auf der Erde und im Kosmos, und zum Anderen für die Urquelle allen Seins, für Gott.

Wie dieses Grund*ethos* konkrete Praxis wird, hängt an den verschiedenen Kulturen, insofern jede von ihnen ja spezifische Modalitäten kennt, die Erfordernisse der Verantwortung zu erfüllen. Das *Ethos* der Verantwortung fächert sich dann auf in verschiedene konkrete Moralkodizes, die jeweils geprägt sind von den verschiedenen Traditionen der Menschen.

4. Ethik des Dialogs

Die weltweite soziale Krise, die strukturell bedingte Arbeitslosigkeit sowie die Umweltzerstörung führen unbestritten zu einer natürlichen Solidarität. Doch damit ist es nicht getan. Solidarität muss in einer raum- und zeitübergreifenden Dimension auch politische, juridische und pädagogische Gestalt gewinnen. Doch dies geht nur mit politischen und juridischen Entscheidungen der Staaten und der Völker. Was darüber hinaus für die kollektive Entwicklung weltumspannender Solidarität unerlässlich ist, ist eine systematische Pflege des Dialogs in alle Richtungen und auf allen Ebenen. Das Gebot der Stunde ist mithin eine Ethik des universalen Dialogs. Zu deren Ermöglichung brauchen wir allerdings Mindestelemente einer philosophischen Grundlegung.

Wie wir bereits nachdrücklich herausgearbeitet haben, ist der Mensch ein Wesen in Beziehung und Kommunikation. Der Mensch ist ein dialogisches Wesen. Dialog ist eine ontische, transzendentale Dimension seines Seins. Sie durchzieht jeden Menschen gestern, heute und immer. In Geschichte und Kultur nimmt sie konkrete Gestalt an. Gearbeitet hat an dieser Frage vor allem der europäische Personalismus und hier insbesondere die Frankfurter Schule, deren Kritische

Theorie sich gerade für die politische Funktion dieser Dimension interessiert. Wir verhehlen nicht, dass unsere Überlegungen von dieser Seite her inspiriert sind.

In Beziehung und Dialog stellt der Mensch Prinzipien auf, die mit dem Akt der Kommunikation selbst gegeben sind. So das Prinzip der Gegenseitigkeit, will sagen: die Tatsache, dass sich autonome Subjekte wechselseitig anerkennen und als kompetente und für ihr kommunikatives Handeln verantwortliche Gesprächspartner akzeptieren; alle verpflichten sich, sich an gemeinsame Regeln zu halten, ohne die Kommunikation ja auch überhaupt nicht möglich wäre; so entsteht aus Gesprächspartnern mit der Fähigkeit zu Argumenten, denen alle Beteiligten beipflichten können, eine Sprechgemeinschaft; Voraussetzung dafür ist eine Ethik, der zufolge nur jene Normen, die von allen am praktischen Diskurs Beteiligten angenommen werden (oder angenommen werden können), den Anspruch der Gültigkeit zu erheben im Stande sind (Jürgen Habermas).

Eine Norm, die den Kommunikationsprozess missachtete, insofern sie unter Druck, mit manipuliertem Datenmaterial oder schlicht mit falschen Angaben zu Stande gekommen wäre, wäre unmoralisch. Die Norm, auf die man sich sodann einigt, muss zu konkreten Aktionen führen; denn nur so hat sie Bestand als kritischer Kanon, der weitere Realisierungen im Leben ermöglicht.

Eine weitere Bedingung muss erfüllt sein: Alle müssen Platz haben in der Kommunikationsgemeinschaft. Alle müssen sich zu Hause fühlen, das Wort ergreifen können und Gehör finden. Doch damit so etwas möglich wird, kommen wir an gesellschaftlichen Veränderungen nicht vorbei. Ohne das werden sich all die Ausgeschlossenen und Totgeschwiegenen – und das sind heute immerhin zwei Drittel der Menschheit – nicht in den kommunikativen Diskurs einmischen können. Eine erdumspannende Republik mit aktivem Bürgerrecht für alle erheischt ständigen Dialog innerhalb der Menschheit. Das Ideal wäre, dass all die Kommunikationsprozesse die Erde zu einer einzigen großen griechischen Agora machten, auf der die Bürger und Bürgerinnen wie selbstverständlich mit ihrer Meinung nicht hinter dem Berg hielten, diskutierten und gemeinsam Mindestelemente eines Konsenses erarbeiteten und alle davon profitieren könnten.

Hinter diesem Verständnis von Ethik, das in der sozialphilosophischen Reflexion den Ton angibt, steht eine bestimmte Theorie von menschlicher, pädagogischer und gesellschaftlicher Entwicklung. Demnach lernt der Mensch in Sachen Moral, wenn er mit Anderen zusammenlebt, Beziehung zu ihnen pflegt und in ständigem Austausch mit ihnen steht. Ist dem so, dann kann aber von einem angeblich ethischen Charakter dessen, was die Mächtigen in der Welt tun, nicht weiter die Rede sein. Denn diese kommen ja nicht zusammen, um einen allgemeinen Dialog über die Zukunft von Erde und Menschheit zu führen, sondern um ihre Machtpositionen zu festigen, um am kollektiven Interesse der Menschheitsfamilie vorbei ihre Einzelinteressen unter einander auszuhandeln und vor allem um sich die Gewinnspanne, die der globale Produktionsprozess in Aussicht stellt, zu sichern. So wie sie sich gerieren, ist von deren Seite keine Lösung für das soziale, beschäftigungsmäßige und ökologische Problem zu erwarten. Eher schon tragen sie zur Verschlimmerung der Lage bei.

5. Eine holistische Ethik

So bunt wie die verschiedenen vorfindlichen Überlieferungen, Gewohnheiten und Kulturen sind, so dringend müssen wir die klassischen Widersprüche (der Eine bestreitet dem Anderen etwas, macht ihn allerdings nicht fertig) hinter uns lassen, die bestehenden Antagonismen (der Eine macht den Anderen fertig) überwinden und uns entschieden eine globalisierende, holistische Betrachtensweise zu eigen machen. Danach sind nämlich alle die Unterschiede Fingerzeige auf Komplexität und Reichtum der einen Menschheit.

Sobald sich Kulturen für einander öffnen, entdecken sie sich als Chance zur gegenseitigen Bereicherung und zur grundlegenden Wechselseitigkeit. Niemand verfügt über das Monopol zur Manifestation aller in den Menschen steckenden Möglichkeiten. Alle Unterschiede konvergieren darin, was von kollektivem Interesse ist – wie der Bewahrung des gemeinsamen Schatzes an Natur und Kultur und der weiteren Reproduktion und Entwicklung des menschlichen Lebens und aller anderen Formen von Leben und Sein.

Die Dinge aus holistischer Perspektive betrachten heißt nicht: die möglichen Standpunkte (die ja immer auch die Wahrnehmung von einem Punkt aus sind) einfach addieren, sondern heißt die Transversalität in ihnen wahrnehmen. Mit anderen Worten: Es geht um die Fähigkeit, die Inter-retro-Beziehungen, die zwischen allen Dingen hin und her laufen, zu entdecken.

Wirtschaft, Verwaltung und Kalkulation haben mit Philosophie, Physik, Kunst und Religion zu tun. Nichts liegt einfach willkürlich neben dem anderen oder hat mit dem anderen nichts zu tun. Die Teile befinden sich im Ganzen, und das Ganze spiegelt sich wie in einem Hologramm in jedem Teil wider. Anpassungsfähigkeit, Geschicklichkeit, Konsortiabilität, ständiges Lernen, Regeneration, Wiederverwertung und Synergie sind einige der Merkmale der holistischen Betrachtensweise.

Das neue Paradigma beruht auf dieser neuen stets differenzierten, komplexen und globalisierenden Wahrnehmung. Erst mit Hilfe der Logik vom Komplexen und Holistischen kommen wir an die schwierigen Probleme heran, die die Globalisierung mit sich bringt, insofern zahllose Unterschiede gleich nebeneinander stehen, in ein und demselben, ja im einzigen gemeinsamen Haus, das heißt auf dem einen Planeten Erde und innerhalb der einen großen globalen Republik. Schon zu Beginn der Moderne meinte Francisco de Vitoria, als er sich – der große Jurist in Salamanca – über den Sinn der zivilen Macht ausließ: »Totus orbis, aliquo modo, est una republica – In gewisser Weise ist der ganze Erdkreis eine einzige Republik«.

Im Rahmen unseres Themas Welt*ethos* heißt holistische Ethik: hinter den vielen geschichtlich gewachsenen Moralvorstellungen in Vergangenheit und Gegenwart das eine *Ethos* herausfinden, jene ursprüngliche Intention, nach der das Haus eingerichtet werden sollte, jenen guten Willen, der für Kant die Voraussetzung bildet für jedweden ethischen Diskurs, jenen einzigen unanfechtbaren und makellosen Wert, jenen guten Willen, der die Normen, Gesetze und Richtlinien (ob gut oder schlecht) festlegte, damit die Menschen damit »glücklich leben« und »gut zusammenleben« könnten.

Die Kunst des holistischen Denkens besteht nicht darin, sich im Namen eines abstrakten, im Grunde geschichtslosen *Ethos* über die gegebenen Moralvorstellungen hinweg zu setzen, sondern darin, die verschiedenen Moralkonstruktionen zu schätzen zu wissen, aber in ihnen den Sinn von komplexer, organischer Einheit und Gesamtheit des einen dem Ganzen zu Grunde liegenden *Ethos* zu wahren. Holistisch gesprochen ergänzen sich die verschiedenen Moralkodizes. Weil die eine Moral sozusagen die Geige spielt, die andere den Part des Basses übernimmt und wieder eine andere die Trommel schlägt, ist damit beileibe nicht gesagt, sie gehörten nicht mehr zum selben Orchester und hätten aufgehört, die eine großartige Symphonie darzubieten.

Der Holismus gestattet es, sowohl den Baum zu sehen und zu bewundern, der sich majestätisch über die grüne Landschaft erhebt, als auch den üppigen Wald ringsum, von dem er ein Teil ist. Baum und Wald gehören sich gegenseitig, und gemeinsam gehören sie zu dem einen Ganzen.

VII. MYSTIK UND SPIRITUALITÄT – GRUNDLAGE FÜR EINE WELTETHIK?

Klare ethische Imperative sind ausgesprochen wichtig, aber zu wenig. Es gibt ethische Erfordernisse, die unmittelbaren Interessen von Personen, Klassen und Nationen widersprechen. Warum sollte man sich dann daran halten? Ethische Appelle, die Welt solle sich mäßigen, eine neue Art von Solidarität praktizieren und ihre planetarische Mitverantwortung ernst nehmen, verpuffen nicht selten. Vernunft und neues Naturverständnis (Kosmologie) allein haben nicht die hinreichende Kraft, kategorische Imperative zu uneingeschränkter Geltung zu bringen, und zwar auch dann, wenn sich die Menschheit selbst zu zerstören droht. Die Dimension des *demens* im Menschen erklärt, weshalb er sich mitunter auch für Wahnsinnssachen entscheidet. Andererseits spielt sich alles im Horizont der Geschichte ab, und die ist bedingt, relativ und vorübergehend.

Lassen sich unter diesen Bedingungen absolute, unbedingte Forderungen stellen? Ist da ein im wirklichen Sinn kategorischer Imperativ überhaupt denkbar? Mit Recht lässt die transkulturelle theologische Tradition keinen Zweifel daran, nur etwas Unbedingtes könne auch etwas Unbedingtes fordern. Allein das höchste Sein vermag etwas, was das Höchste sein soll, zu begründen. Vielleicht müssen wir uns eingestehen, dass sich dieses Unbedingte und Höchste mit der heute maßgeblichen Form von instrumentell-analytischer

Vernunft gar nicht nachweisen lässt; denn diese ist doch mehr darauf trainierert, mit Hilfe der Kategorien von Wissenschaft und Technik die Welt zu beherrschen, als darauf, Gründe und existentielle Bedeutungsinhalte zu liefern. Aber möglicherweise lässt sich das Unbedingte auch dadurch erfassen, dass sich der Mensch ihm besonnen, umfassend und überlegt hingibt, das heißt durch eine andere Form von Vernunft, herzlicher und holistischer, aber ebenso menschlich, wenn nicht gar menschlicher als jedwede andere Art von Vernunft. Die Rede ist von hermeneutischer, symbolischer, sakramentaler, utopischer Vernunft.

Um *Pathos* geht es. Im Bereich des *Pathos* besteht dann die Chance, dass sich eine spirituelle Dimension abzeichnet – spirituelle Dimension verstanden als die Tiefe des Menschen, ja des gesamten Universums – und in Verbindung damit die mystische Betrachtensweise. Sowohl Spiritualität als auch Mystik haben es zu tun mit tiefen Erfahrungen und großen Emotionen, die einhergehen mit der Wahrnehmung des Ganzen, in das wir uns als Teil und Parzelle eingebunden fühlen, wie auch des Fundaments, das sie begründet und trägt. Samenkörnern gleich, befruchten und bewegen derartige Erfahrungen das menschliche Leben und verleihen ethischen Imperativen ihre Kraft.

1. Was sind Spiritualität und Mystik?

Formell kann man sagen, Spiritualität sei die Haltung, in der sich der Mensch mit dem Ganzen verbunden fühlt und den roten Faden spürt, der alle Dinge verbindet und aneinander rückbindet, damit sie einen Kosmos bilden. Diese Erfahrung befähigt den Menschen, dem roten Faden einen Namen zu geben und mit ihm in Zwiegespräch und Gemeinschaft zu treten, stößt er doch auf ihn in jedem Detail der Wirklichkeit. Unter tausend Namen ruft er ihn an: Urquell aller Dinge, Geheimnis der Welt oder schlicht und einfach Gott.

Mystik ist die Form des Seins und des Fühlens, mit der der Mensch das namenlose Geheimnis erfahrungsmäßig annimmt und verinnerlicht und zulässt, dass es die ganze Existenz durchdringt. Nicht das Wissen von Gott, sondern das Gott-Fühlen macht den Mystiker aus. Ausgezeichnet die sinngemäße Formulierung von Ludwig Wittgenstein: Nicht das Wissen darum, *wie* die Welt ist, sondern die Erfahrung der Tatsache, *dass* die Welt ist, macht den Mystiker aus. Für den Mystiker heißt an Gott glauben die Frage nach dem Sinn des Lebens begreifen. Mystik, so verstanden, verleiht dem Lebensweg des Menschen und seinem unermüdlichen Forschen nach Ursprung und Bestimmung des Weltalls und jedes einzelnen Menschen einen letzten Sinn. So leuchtet dem Menschen Sinn darin auf, auf weniger Wichtiges zu verzichten, persönliche Opfer zu bringen, dem ethischen Ruf seines Gewissens zu folgen und sich auf die Anrufe von Seiten der verletzten Welt einzulassen.

Mystik und Spiritualität äußern sich institutionell in den Religionen der Welt. Normalerweise liegen die Religionen im Krieg miteinander. Doch bei gründlicherem Hinschauen entdecken wir, dass gerade sie die entscheidenden Impulsgeber sind für Hoffnung und für große Träume, für Integration und Rettung und für das transzendente Schicksal von Mensch und Universum. Sie alle halten an der Zukunft des Lebens fest, mag die

Grausamkeit des Todes auch noch so augenfällig daherkommen. Religionen operieren mit Werten und verkünden unablässig den höchsten Wert.

Spiritualität und Mystik bilden die Grundlage der verschiedenen ethischen Diskurse, von denen wir Werte und Normen beziehen und fundamentale Einstellungen ableiten. Ohne Spiritualität und Mystik würde Ethik zu einem kalten Katalog von Vorschriften verkommen, und die verschiedenen Moralkodizes würden zu Prozessen gesellschaftlicher Kontrolle und kultureller Beherrschung entarten. Aus diesem Grund verweist Ethik, im Sinne konkreter Praxis, auf einen tieferen Bereich, auf die Atmosphäre, in denen Visionen, Träume, Utopien und nicht mehr hinterfragbare Werte eben zu Mystik und Spiritualität verschmelzen. Beide sind gewissermaßen der Lichthof, ohne den kein Stern strahlt. Sie sorgen dafür, dass Ethik mehr mit Weisheit zu tun hat als mit Vernunft, mehr mit gut leben als mit gut urteilen, mehr mit Tugenden als mit Ideen.

2. Konvergenzen zwischen den Religionen

Unbeschadet der Unterschiede in den Lehren und in den geistig-geistlichen Wegen konvergieren die Religionen gleichwohl in etlichen Punkten, die für ein Welt*ethos* entscheidend relevant sind. Hier ist vor allem auf die überzeugenden Bücher von Hans Küng zum Thema »Weltethos« zu verweisen. Einige dieser Punkte seien genannt:

a. Achtsamer Umgang mit dem Leben. Alle Religionen verteidigen das Leben, vor allem wenn es nichts als Leid und Qual ist. Ihnen allen geht es darum, das

Reich des Lebens auszuweiten. Deshalb versprechen sie ein Weiterleben, wenn nicht gar die Auferstehung und das ewige Leben. Betroffen ist aber nicht nur das menschliche Leben, sondern alle Formen von Leben, insbesondere die am meisten bedrohten, sind berührt.

b. Elementares ethisches Verhalten. Keine Religion, die keinen ethischen Imperativ kennte: Du sollst nicht töten, nicht lügen, nicht stehlen; du darfst niemandem Gewalt antun; du sollst Vater und Mutter lieben und Kindern mit Zärtlichkeit begegnen! Übersetzt in unsere kulturelle Diktion klingen derlei Imperative wie Aufforderungen zur Pflege einer Kultur der Ehrfurcht, des Dialogs, der Synergie, der aktiven Gewaltfreiheit und des Friedens.

c. Das rechte Maß. Die Religionen wollen die Menschen den Weg der Besonnenheit gehen sehen, auf dem sie nach beiden Seiten – zum Legalismus wie zur Zügellosigkeit – gleichen Abstand halten. Sie predigen weder Verachtung noch Anbetung der Welt, weder Hedonismus noch Askese, weder Immanentismus noch Transzendentalismus. Worum es ihnen geht, ist das rechte Gleichgewicht in all diesen Bereichen, wie wir in unserem Buch »Der Adler und das Huhn. Wie der Mensch Mensch wird«[18] schon beschrieben haben. Maß und Rhythmus dieses Mittelweges geben die Tugenden an. Tugenden sind weniger Handlungen als vielmehr Haltungen, die aus dem Innern des Menschen kommen, ihn in Einklang halten mit seiner Gesamtpersönlichkeit und nicht zuletzt alle seine Beziehungen durchdringen.

[18] L. Boff, Der Adler und das Huhn. Wie der Mensch Mensch wird, Düsseldorf 1998.

d. Hauptstück Liebe. Alle Religionen predigen Liebe ohne jede Bedingung. Was die Liebe zum Nächsten angeht, kennen sie kein Wenn und Aber. Konfuzius (551–489 v. Chr.) sagt: »Was du dir nicht wünschst, das tu auch keinem Anderen!« Im Munde Jesu lautet der Satz: »Liebt einander! Wie ich euch geliebt habe, so sollt auch ihr euch einander lieben« (und er hat sie bis ans Ende geliebt) (Joh 13,34). Immanuel Kant sagt es in seiner philosophisch-säkularen Sprache: »Handle nur nach derjenigen Maxime, durch die du zugleich wollen kannst, dass sie allgemeines Gesetz werde« bzw. »Betrachte den Menschen in dir und in den Anderen immer als Zweck und nie als Mittel«. Hans Jonas drückt sich mit seinem ökologischen Anliegen wie folgt aus: »Handle so, dass die Wirkungen deiner Handlung verträglich sind mit der Permanenz echten menschlichen Lebens auf Erden«. In der Sprache seiner Philosophie und Theologie der Befreiung formuliert Enrique Dussel knapp: »Befreie den Armen!«

e. Beispielhafte ethische Gestalten. Doch die Religionen haben nicht nur ethische Maximen und Haltungen zu bieten, sondern vor allem auch konkrete historische Gestalten, lebendige Vorbilder, zahllose Meister und Meisterinnen, heilige, gerechte Männer und Frauen, Helden und Heldinnen, welche radikale Dimensionen der Menschlichkeit gelebt haben. Mit ihrem Lebensstil, mit ihren Idealen und humanitären Träumen dienen sie anderen als Beispiele. Was überzeugt, sind konsequente Taten und nicht glänzende Ideale. Deshalb haben ethisch beispielhafte Gestalten auch die Kraft, andere mitzureißen. Nur einige seien genannt: Jesus, die Propheten der Bibel, Buddha, Konfuzius, Chuang-tzu, Franz von Assisi, Gandhi, Martin

Luther King, Dag Hammerskjöld, Irmã Dulce[19], Dom Hélder Câmara, Mutter Theresa von Kalkutta, Mãe Menininha do Gantois[20] und Chico Mendes[21].

f. Beschreibung eines letzten Sinns. Die Frage, die hinter allen Religionen steckt, ist der Sinn des großen Ganzen ebenso wie des einzelnen Menschen. Nie hat der Tod das letzte Wort. Das letzte Wort hat immer das

19 Eigentlich: Maria Rita Souza Brito Lopes Pontes (1915–1992). Ordensfrau im brasilianischen Salvador, seit 1933 bei den (von Amando Bahlmann O.F.M.) gegründeten Missionsschwestern von der Unbefleckten Empfängnis, dann aber unabhängig von der Kongregation. Tochter eines wohlhabenden Zahnarztes in Salvador, kümmerte sie sich schon als Kind um die Armen der Stadt. In Zusammenarbeit mit dem (deutschstämmigen Franziskaner Hildebrando Kruthaupt) gründete sie ein riesiges Sozialwerk, sammelte Arme und Kranke auf der Straße auf und brachte sie in das Hospital Santo Antônio, pflegte alte Menschen in einem Altenzentrum, kümmerte sich um Waisen, ermöglichte körperlich Behinderten medizinische Betreuung und Rehabilitation und unterhielt ein Heim auch für geistig Behinderte. Klein von Gestalt, schmächtig von Statur und von ebenso prekärer Gesundheit, wurde sie schon zu Lebzeiten in ganz Brasilien zu einem Monument in großem Stil praktizierter Nächstenliebe. Nach ihrem Tod wurden die »Sozialwerke Irmã Dulce« von dem (im ganzen Land wirkenden) Bauunternehmer Norberto Odebrecht auf der Grundlage einer kommerziellen Firma weitergeführt.

20 Eigentlich: Maria Escolástica da Conceição (1894–1986). Seit dem Alter von 18 Jahren Kultdienerin (auf Portugiesisch: *mãe de santo;* in der afrikanischen Ioruba-Sprache: *ialorixá*) der mit afrikanischen Sklaven nach Brasilien verschleppten Candomblé-Religion in Salvador, das sie zeit ihres Lebens nur zweimal zu Reisen nach Rio de Janeiro verließ. Verheiratet mit dem englischstämmigen Rechtsanwalt Álvaro McDowell de Oliveira, leitete sie 64 Jahre die wichtigste Kultstätte (auf Portugiesich: *terreiro*) des Candomblé, genauerhin die der Ethnie Ketu. Mãe Menininha, die zunächst gegen das damals noch geltende Verbot der Feier des Candomblé-Kultes zu kämpfen hatte, entwickelte sich zu einer der geachtetsten Gestalten im politischen und gesellschaftlichen Leben Brasiliens. Namenhafte Politiker und Künstler kamen nach Salvador, um sie um Rat zu bitten.

21 Eigentlich: Francisco Alves Mendes Filho (1944–1988). Anführer der Urwaldbevölkerung im nordwestbrasilianischen Bundesstaat Acre. Gummizapfer und Gewerkschaftsführer in Xapuri (Acre). Initiator von Kampagnen des gewaltfreien Widerstandes gegen die großflächige Abholzung des Amazonasurwaldes. Chico Mendes vertrat die nachhaltige, zukunftsfähige Nutzung de Waldes. Am 22. Dezember 1988 wurde der engagierte Christ (beim siebten Attentat auf ihn) vor seinem Haus in Xapuri von Pistolenschützen im Auftrag des Großgrundbesitzers Darli Alves da Silva ermordet.

Leben, der Erhalt des Lebens, die Auferstehung und die Verewigung des Lebens. Keine Religion, die nicht ein gutes Ende für die Schöpfung und ein selig zu preisendes Schicksal für die Gerechten wollte.

Alle diese zutiefst menschlichen Sichtweisen nehmen im Rahmen von Religionen und von geistig-geistlichen Überlieferungen Gestalt an. So stellen diese in gewisser Weise Modelle ethischer Praxis dar, weil sie ja das Gewissen der Menschen kräftig beeinflussen – in dem Sinn, dass sich ihre Anhänger und Anhängerinnen an die ethischen Appelle halten, mögen sie auch noch so lästig sein. Darüber hinaus vermitteln die Religionen ihren Mitgliedern aber auch die innere Genugtuung, sich in Einklang mit den Anrufen des Herzens und mit den Herausforderungen seitens der globalen Umwelt zu befinden.

VIII. SCHLUSS – TUGENDEN EINES WELTETHOS

Im vorigen Jahrhundert, genauerhin im Jahre 1970, fand in Kyoto eine Weltkonferenz der Religionen für den Frieden statt. In der alten japanischen Kaiserstadt wurde der Versuch unternommen, die Tugenden zu identifizieren, die ein Welt*ethos* konstituieren. Unter anderem hieß es damals:

1. Kraft Gleichheit und Würde all ihrer Mitglieder bildet die menschliche Familie eine fundamentale Einheit.
2. Jeder Mensch ist heilig und unantastbar, zumal in Sachen Gewissen.
3. Jede menschliche Gemeinschaft stellt einen Wert dar.
4. Macht liegt nicht auf derselben Ebene wie Recht. Macht genügt sich niemals selbst. Macht ist in keinem Fall absolut, muss deshalb durch Recht begrenzt werden und unterliegt der Kontrolle durch das Gemeinwesen.
5. Glaube, Liebe, Mitempfinden, Altruismus, Kraft des Geistes und innere Wahrhaftigkeit gehen in letzter Instanz unvergleichlich über Hass, Feindschaft und Egoismus.
6. Jedermann und jede Frau hat die Pflicht, an der Seite der Armen und Unterdrückten zu stehen und gegen die Unterdrücker zu sein.
7. Wir hegen die große Hoffnung, dass am Ende der gute Wille obsiegen wird.

In Kyoto einigten sich die Konferenzteilnehmer und -teilnehmerinnen auf Werte, die – sollten sie denn befolgt werden – in der Tat die Erde retten, die Ausgegrenzten wieder integrieren und alle, die sich für Leben und Freiheit einsetzen, in ihren Kämpfen mit Sinn erfüllen können. Doch das Ganze hat weniger den Charakter von Vorschriften als von Appellen und Herausforderungen an, was an Bestem in uns steckt. Die helle Seite in uns vermag die dunkle Seite, die wir ja wohl kaum werden abstreifen können, zu kompensieren.

Auch ökumenisch sich begreifendes Christentum schließt sich der Konvergenzbewegung der Weltreligionen an. Inspiriert von Hans Küng[22], meinen wir folgende Forderungen aufstellen zu können:

1. Nicht nur Vernunft, sondern auch Herz
2. Nicht nur materielle, sondern zugleich auch geistig-geistliche Kultur
3. Nicht nur Freiheit, sondern zugleich Gerechtigkeit
4. Nicht nur nur Gleichheit, sondern zugleich Pluralität
5. Nicht nur Koexistenz, sondern Frieden
6. Nicht nur Produktivität, sondern Solidarität mit der Natur und mit den zukünftigen Generationen
7. Nicht nur Toleranz, sondern auch Ökumene
8. Nicht nur die Erde, sondern auch der Kosmos
9. Nicht nur der Kosmos, sondern zugleich die Urquelle alles Seienden, Gott
10. Nicht nur irdisches Leben und Tod, sondern auch Auferstehung und ewiges Leben.

[22] Vgl. H. Küng, Projekt Weltethos, München–Zürich 1990, 93–96.

Wir begannen unsere Überlegungen, indem wir uns die Herausforderung dreier globaler Probleme vornahmen: die Verarmten der Welt, die Opfer strukturell bedingter Arbeitslosigkeit und den Schrei der Erde. Um diesen Problemen Herr zu werden, brauchen wir einen Mindestkonsens auf der Grundlage herzlicher Vernunft, wesenhafter Achtsamkeit und großer Ehrfurcht vor allem, was existiert, vor Erde und Kosmos. Wer sich so verhält, legt ein Grund*ethos* an den Tag, das sich je nach Kultur, Tradition und Zeit in viele moralische Verhaltensmuster kleiden kann. Doch alle müssen sie dasselbe *Ethos* zum Ausdruck bringen und denselben fundamentalen guten Willen, dem Leben zu dienen, es zu schützen und auszuweiten und ihm einzuräumen, dass es weiterhin seinen Weg geht durchs Universum in Richtung auf die Urquelle allen Lebens.

Uns, die wir wach geworden sind für die Dringlichkeit der genannten Probleme, hat die Geschichte mit diesem Auftrag betraut: die heilige Flamme, die, dem ewigen Licht gleich, in jedem Menschen brennt, mit dem Öl der Ehrfurcht und der wesenhaften Achtsamkeit zu speisen. Nur so wird es uns gelingen, das wesenhafte *Ethos*, das im Menschen wohnt, weiterhin unseren Schutzengel sein zu lassen und zu verhindern, dass es je verdunkelt oder gar vom Antlitz der Erde ausgelöscht wird.

Bibliografische Hinweise

Altner, G., Naturvergessenheit. Grundlagen einer umfassenden Bioethik, Darmstadt 1991.

Altner, G., Leben in der Hand des Menschen. Die Brisanz des biotechnologischen Fortschritts, Darmstadt 1998.

Apel, K.-O., Diskurs und Verantwortung. Das Problem des Übergangs zur postkonventionellen Moral, Frankfurt am Main 1988.

Anzenbacher, A., Einführung in die Ethik, Düsseldorf 1992.

Auer, A., Umweltethik, Düsseldorf 1985.

Berman, M., The Reenchantment of the World, New York 1984.

Boff, L., Die Logik des Herzens. Wege zu neuer Achtsamkeit, Düsseldorf 1999.

Boff, L., Ética da vida, Brasília 1999.

Borrero Navia, J. M., Los derechos ambientales: Una visión desde el sur, Cali 1994.

Borman, H.,/Kellert, S. R., Ecology, Economics, Ethics, New Haven-London 1991.

Bundesministerium für Umwelt, Naturschutz und Reaktorsicherheit (Hrsg.), Welt im Wandel – Umwelt und Ethik. Sondergutachten 1999, Marburg 1999 (http://www.wbgu.de/wbgu_sn1999_voll.htm).

Cansado Trindade (Hrsg.), Derechos humanos, desarrollo sustentable y medio ambiente, San José de Costa Rica 1995.

Costa Freire, J., A ética e o espelho da cultura, Rio de Janeiro 1995.

De Masi, Desenvolvimento sem trabalho, São Paulo 1999.

Depuy, R. J., La communauté internationale entre le mythe et l'histoire, Paris 1986.

Dussel, E., Para una ética de la liberación latinoamericana, 2 Bde., Buenos Aires 1973.

Dussel, E., Ethik der Gemeinschaft, Düsseldorf 1988.

Dussel, E., Philosopohie der Befreiung, Hamburg 1989.

Dussel, E., Ética de la liberación en la edad de la globalización y de la exlusión, Madrid 1998.

Earth Council (Rat der Erde) (Hrsg.), Die Erd-Charta. Die deutsche Übersetzung (der dritten revidierten englischen Fassung) wurde herausgegeben von der »Ökumenischen Initiative Eine Welt«, Mittelstraße 4, 34474 Diemelstadt-Wethen (1999). Internet: http://www.earthcharter.org/ draft/german.htm.

Erdmann, K.-H./Wolff, M. (Hrsg.), Nachhaltige Entwicklung. Zukunftschancen für Mensch und Umwelt, Berlin 1996.

Ferry, L., A nova ordem ecológica, São Paulo 1994.

Fischer, J., Handlungsfelder angewandter Ethik, Stuttgart 1998.

Fortman, B./Goldewijk, B. K., God and the Goods. Global Economy in a Civilizational Perspective, Genf 1998.

Galbraith, J. K., Die Geschichte der Wirtschaft im 20. Jahrhundert. Ein Augenzeugenbericht, Hamburg 1995.

Grisebach, M. A., Eine Ethik für die Natur, Frankfurt am Main 1994.

Habermas, J., Theorie des kommunikativen Handelns, 2 Bde., Frankfurt am Main 1981.

Habermas, J., Moralbewusstsein und kommunikatives Handeln, Frankfurt am Main 1983.

Hardin, G., Exploring New Ethics for Survival, New York 1968.

Hilpert, K., Das Natürliche, das Kultürliche und das Verbindliche, in: Moraltheologisches Jahrbuch 1, Mainz 1989, 202–223.

Höffe, O., Demokratie im Zeitalter der Globalisierung, München 1999.

Honnefelder, L., Grenzziehung der Ethik, in: Thierse, W. (Hrsg.), Religion ist keine Privatsache, Düsseldorf 2000, 205–212.

Huber, M., Prolegomena und Probleme eines internationalen Ethos, in: Die Friedens-Warte, Bd. 53, Frankfurt am Main 1955/56 (Nr. 4) 305–329.

Hunold, G. W./Korff, W. (Hrsg.), Die Welt für morgen. Ethische Herausforderungen im Anspruch der Zukunft, München 1986.

Jonas, H., Das Prinzip Verantwortung. Versuch einer Ethik für die technologische Zivilisation, Frankfurt am Main 1984.

Khoury, Th., Das Ethos der Weltreligionen, Freiburg–Basel–Wien 1993.

Küng, H., Projekt Weltethos, München 1990.

Küng, H., Weltethos für Weltpolitik und Weltwirtschaft, München 1997.

Lacroix, M., Por uma moral planetária, São Paulo 1996.

Ladrière, J., Le destin de la raison et les tâches de la philosophie, in: Vie sociale et destinée, Gembloux 1973.

Lampe, A. (Hrsg.), Festschrift Enrique Dussel, Ética e a filosofia da libertação, Petrópolis 1996.
Leis, H. R., As »éticas« do ambientalismo, in: Ética e Meio Ambiente (Jan.–Juni 1996), Florianópolis 1996, 58–64.
Leis, H. R., A modernidade insustentável. As críticas do ambientalismo à sociedade contemporânea, Petrópolis 1999.
Leisinger, K. M., Die sechste Milliarde. Weltbevölkerung und nachhaltige Entwicklung, München 1999.
Leopold, A., A sand country almanac, Oxford 1949.
Lima Vaz, H. C., Ética e civilização, in: Escritos de filosofia III., São Paulo 1997, 121–138.
Lima Vaz, H. C., O problema da comunidade ética, in: Escritos III, a.a.O., 139–152.
Lima Vaz, H. C., Escritos de filosofia II. Ética e Cultura, São Paulo 1993.
Mancini, R. u. a., Etiche della mondialità. La nascita di una coscienza planetaria, Assisi 1996.
Marcilio, M. L./Ramos, L. E., Ética na virada do milênio, São Paulo 1999.
Meyer-Abich, K. M., Sustainable Development? Wie nicht nur die Menschen eine »dauerhafte« Entwicklung überdauern können, in: Forum Clausthal (Hrsg.), Sustainable Development, Bd. 1, Clausthal 1997.
Oliveira, M. A., Ética e racionalidade moderna, São Paulo 1993.
Oliveira, M. A., Ética e sociabilidade, São Paulo 1993.
Ott, K., Ökologie und Ethik. Ein Versuch praktischer Philosophie. Ethik in den Wissenschaften, Bd. IV., Tübingen 1993.
Pegoraro, O., Ética e justiça, Petrópolis 1995.
Peter, A., Enrique Dussel, Offenbarung Gottes im Anderen, Mainz 1997.
Pureza, J. M., O patrimônio comum da humanidade: Rumo a um direito internacional da solidadriedade?, Porto 1998.
Ramakhrishna, K., North-South issues. The heritage of mankind and global environmental change, in: *Verschiedene*: Global environmental change and international relations, London 1992.
Rasmussen, L. L., Earth Community – Earth Ethics, New York 1996.
Ratschow, C. H. (Hrsg.), Ethik der Weltreligionen. Ein Handbuch, Stuttgart 1980.
Rawls, J. A., Eine Theorie der Gerechtigkeit, Frankfurt am Main 1975.

Rich, A., Wirtschaftsethik, Grundlagen in theologischer Perspektive, Gütersloh[3] 1987.
Rockefeller, St. C., The Earth Charter Process, in: Earth Ethics. A quaterly publication of the Center for Respect of Life and Environment 8, Nr. 2–3.
Rockefeller, St. C., The Earth Charter. A Vision for the Future, in: Ecodecision 13 (1997) 70–72.
Rockefeller, St. C., Faith and Ethics in a Global Context, in: Pragmatism's Common Faith. The Pruitt Memorial Symposium, Baylor University, 13.–14. November 1997.
Ruh, H., Argument Ethik, Zürich 1992,
Schelkshorn, H., Ethik der Befreiung. Eine Einführung in die Philosophie Enrique Dussels, Freiburg–Basel–Wien 1992.
Schmitz, Ph., Ist die Schöpfung noch zu retten? Würzburg 1995.
Schweitzer, A., Die Ethik der Ehrfurcht vor dem Leben, in: Kultur und Ethik, München 1960.
Serres, M., O contrato natural, Rio de Janeiro 1991.
Sidekum, A. (Hrsg.), Ética do discurso e filosofia de libertação. Modelos complementares, São Leopoldo 1994.
Souza Santos, B., Pela mão de Alice. O social e o político na transição pós-moderna, Porto 1994.
Souza Santos, B., Toward a new common sense: Law, science and politics in the paradigmatic transition, New York 1995.
Sturm, D., Identity and Otherness: Summons to a New Axial Age-Perspective on the Earth Charter Movement, Lewisburg 1999.
Thielen, H., Diskurs und Widerstand. Philosophie der gesellschaftlichen Praxis, Unkel am Rhein/Bad Honnef 1995.
Trevelyan, G., A Vision of the Aquarian Age. The Emerging Spiritual World View, New Hampshire 1984.
Tugenhart, E., Lições sobre ética, Petrópolis 1997.
Tugenhart, E., Universalismo e particularismo. Quando a moral sucumbe no conflito com o particularismo, in: Ciência e Ambiente (Jan.–Juni 1996), Florianóplis 1996,17–25.
Vacca, G., Pensar o mundo rumo à democracia do século XXI, São Paulo 1996.
Varela, F., Ethisches Können, Frankfurt am Main 1994.
Walzer, M., Sphären der Gerechtigkeit. Ein Plädoyer für Pluralismus und Gleichheit, Frankfurt am Main 1992.
Ward, B./Dubos, R., Only One Earth. The Care and Maintenance of a Small Planet, Harmondsworth 1972.